RESPONDENDO
E ESCLARECENDO

EDGARD ARMOND

RESPONDENDO E ESCLARECENDO

Editora Aliança

(1 edição e 1 reimpreessão = 4.000)
2ª Edição, out/99, do 5° ao 9° milheiro

Título

RESPONDENDO E ESCLARECENDO

Copyright 1980

Autor

Edgard Armond

Revisão

Maria Aparecida Amaral

Editoração

MMS

Capa

Elifas Alves

Impressão

Vida & Consciência Editora e Gráfica Ltda.

Ficha Catalográfica

Armond, Edgard, 1894-1982
A763r Respondendo e Esclarecendo / Edgard Armond
2ª edição - São Paulo: Editora Aliança - 1999
152 págs.

1. Espiritismo 2. Espiritismo I. Título

CDD - 133.9

EDITORA ALIANÇA

Rua Francisca Miquelina, 259 - Bela Vista - São Paulo - SP
CEP 01316-000 - Fone: 3105.5894 - Fax: 3107.9704
e-mail: alianca@alianca.org.br

APRESENTAÇÃO

Durante vários anos mantivemos no jornal espírita *O Semeador*, da FEESP — Federação Espírita do Estado de São Paulo, fundado em 1944 — e do qual fomos colaboradores assíduos até 1973 — uma seção de esclarecimentos doutrinários sob o título **Esclarecendo** e que até hoje mantemos, embora reduzidamente, pelo *O Trevo* órgão de publicidade da Aliança Espírita Evangélica.

Esses esclarecimentos foram, além do mais, grandemente oportunos, porque orientaram a opinião numa época em que, pela mesma FEESP, procedeu-se a uma ampla expansão de atividades doutrinárias, em rumos novos, com a criação de escolas e cursos, teóricos e práticos, de desenvolvimento mediúnico, auto-evangelização e vários outros, com base em uma **Iniciação Espírita** que oferecia, não só conhecimentos atualizados como, também, novas práticas de atendimento público no campo das curas espirituais, imprimindo-se assim, à Doutrina, um impulso renovador e dinâmico de atividades construtivas de elevada significação evolutiva.

Neste livro transcrevemos um rol de esclarecimentos que pudemos separar de nosso arquivo, a contar, de 1970, suprimindo nomes, e mantendo somente a procedência, as datas, as perguntas, como foram feitas e as respostas, dadas na ocasião.

Muito embora o tempo haja transcorrido e os conhecimentos doutrinários evoluído e se desdobrado, os aqui transcritos são de permanente interesse, sobretudo para confrades mais jovens e mais novos na Doutrina.

Esta suposição, aliás, é o motivo determinante desta publicação.

São Paulo, julho 1980

O Autor

Explicação Necessária

Observam-se no texto algumas consultas muito extensas, contendo número elevado de perguntas.

Isso é devido ao fato de que não só casas espíritas, como também grupos de interessados de vários lugares se reuniam para selecionar as perguntas e, para facilitar o trabalho, inclusive das respostas, atribuíam a um deles a incumbência de organizar o rol, suprimir as redundâncias ou repetições, remetê-las e recolher as respostas, distribuindo-as em seguida aos destinatários.

1

Irajá/GB/Fevereiro/1970

1 — "Salvação, Graça de Deus, Partícula divina." Pedimos esclarecer.

R — *1) A "graça de Deus", frase usualmente utilizada para significar favores, outorga divina, não existe com esse sentido exclusivo; também não depende de aceitação do Novo Testamento, ou de qualquer outro código religioso, documentário, ou ato propiciatório humano: transcende a tudo e a todos porque, na realidade, é a vontade de Deus manifestada através de suas leis imutáveis e fundamentais, que regulam os movimentos da criação divina em todos os universos interessando a todos os seres que neles vivem ou existam. E, se, porventura, possa ocorrer um ato isolado e direto de Deus, neste caso também representaria Sua vontade soberana, que está acima e além da compreensão e do julgamento dos seres criados.*

Quanto à salvação do homem, isso é possibilidade que sempre existiu, desde quando o homem existe e desde quando, evoluindo, venha a merecer tal coisa.

Mas entenda-se que "salvação" não é uma graça, um privilégio, um benefício individual, graça, repetimos, no sentido de uma outorga pessoal. "Salvação" é redenção, o termo que serve para definir a libertação do homem em relação à vida dos mundos inferiores, onde ele é provado e expia suas imperfeições e transgressões espirituais.

Essa libertação o homem encarnado não obtém por graça de Deus, mas por esforço próprio, colocando-se no sulco das leis, isto é: reformando-se moralmente, esclarecendo-se quanto às realidades da vida espiritual, purificando-se, evangelizando-se.

2) Para ser "salvo" isto é, libertar-se, não é indispensável, como condição imperativa, professar a religião cristã, no seu sentido usual de religião organizada, dogmática, sob o título que tiver, mas sim proceder como está explicado no item anterior.

O cristianismo verdadeiro é o que se baseia nos ensinamentos de Jesus, configurados no Evangelho, que exigem a testemunhação pessoal e consciente, a vivência desse código imortal e não somente seu entendimento teórico, ou formalístico, em sua prática exterior.

Esse cristianismo verdadeiro, que deve ser seguido sem vacilação pelos adeptos, é o Paracleto Consolador, a promessa messiânica, outorgada aos homens do nosso tempo, através das Entidades elevadas que a transmitiram a Kardec — o missionário codificador da Doutrina dos Espíritos.

Mas também essa verdade não exclui a possibilidade de libertação por profitentes de outros credos ou confissões religiosas, desde que as bases do entendimento e das realizações sejam do mesmo teor elevado e autêntico, porque a luz do sol divino brilha igualmente para todos os seres, em todos os mundos, materiais e etéreos.

3) O homem não tem uma "partícula divina", como a consulente está perguntando: ele é uma partícula divina, que compartilha dos atributos divinos da imanência e da eternidade da vida, mas em caráter potencial e que devem ser revelados, manifestados, desenvolvidos, no correr da evolução.

Não confundir essas possibilidades do homem encarnado como sendo ele, como é corrente dizer, um ser semelhante a Deus. Ele realmente o é em termos, na capacidade mental criativa e por ser espírito.

A criação é de Deus, mas a criatura não é deus, nem tampouco Deus é a criação, porque o Absoluto não é o Relativo. A criação se dá no plano absoluto de Deus, mas a criatura vive e evolui no plano relativo das manifestações fenomênicas universais.

2

Rio de Janeiro/GB/Fevereiro/1970

2 — Jesus Cristo é ou não o Senhor e Salvador pessoal de cada homem. Por quê?

R — *Jesus Cristo é o guia espiritual da humanidade e governador planetário. Assim sendo, é evidente que, perante Deus, responde pelo sublime encargo como, também evidente que o levará até o final, a saber, até que o último ser humano seja encaminhado à própria redenção. Jesus Cristo não é, portanto, salvador individual de homens, mas redentor misericordioso de todos os homens.*

3 — A prece deve ser dirigida a Jesus Cristo ou a Deus? Por quê?

R — *A prece, quando é anseio legítimo e impulso profundo da alma, vence as resistências naturais do envolvimento fluídico do globo e ascende a esferas altas, o quanto alcance, onde é recebida e analisada; e o atendimento se dará conforme o mérito e quando for julgado justo e não inconveniente ao progresso espiritual do solicitante; mas em todos os casos, sempre existe uma grande margem para a manifestação da misericórdia divina em benefício do necessitado.*

Não importa, portanto, que seja dirigida a Deus, ou a deuses ou santos de outros credos.

4 — A Doutrina Espírita aceita a Divindade de Jesus Cristo? Por quê?

R — *Na consulta sobre Jesus Cristo, se a palavra "divindade" quer significar "ser Deus", a Doutrina Espírita não o considera como tal, porque Deus é Único, Imutável, Integral e Indivisível; mas, se quer significar "Espírito da esfera divina", então isto é aceito, porque é de conceituação pacífica que os espíritos da esfera crística são seres divinizados.*

5 — A Doutrina Espírita desaprova o livro de Enoque? Por quê?
R — *Nada a opor quanto ao livro de Enoque, mas poderemos examinar qualquer questão a ele referente que nos seja proposta.*

6 — O Pentateuco é aceito pela Doutrina Espírita? Por quê?
R — *O Velho Testamento é um venerável documento histórico-religioso que, todavia, contém partes sobre as quais se fazem reservas. Mas dele se destacam* A Gênese *e o* Decálogo, *o primeiro considerado o apocalipse de Moisés e o segundo um código ditado do Alto, vazado em termos adequados aos homens rudes daquela época e daquele povo; e ambos expressões verdadeiras e seguras da mais alta inspiração espiritual.*

7 — Jesus Cristo era essênio?
R — *Jesus de Nazaré não era propriamente um essênio, no sentido sectário do termo, porque transcendia a organizações de caráter humano, mas a Comunidade Essênia o recebia sempre como a um Mestre, porque conhecia sua destinação messiânica.*

8 — Os ensinamentos de Jesus eram todos originais? Por quê?
R — *Jesus em todas as oportunidades, declarava respeitar a Lei (entendemos, o Decálogo) e os Profetas e citava também máximas e aforismos existentes de há muito; mas seus ensinamentos, no seu todo, são originais, no sentido de que completam e rematam os formulados anteriormente por missionários que viveram antes, em épocas e lugares diferentes; como também porque estabelecem de forma objetiva e ao mesmo tempo transcendente, a posição verdadeira dos homens entre si e ante o Criador, na forma do binômio: fraternidade dos homens e paternidade de Deus; de Deus Pai e Criador, a cuja esfera os homens ascendem pela evolução espiritual, obedecendo a normas de conduta claramente expressas no Evangelho, código de amor recíproco e da mais alta condição moral, normas de fraternização na vivência planetária e de amor universal, no seu mais elevado sentido cósmico.*

3
Rio de Janeiro/GB/Abril/1970

9 — Escola de Médiuns, Curso Preparatório, *Perguntas e Respostas* livro organizado por J. S. Almeida está a venda? Em caso afirmativo, como e onde se pode adquiri-lo? Quero lembrar que essa coluna foi publicada no *O Semeador*, de agosto de 1962.

R — *Os ensinamentos fornecidos pela Escola de Médiuns da Federação Espírita do Estado de São Paulo, a que se refere a publicação de agosto de 1962, constam do livro* Pontos da Escola de Médiuns (Curso Preparatório), *editado pela Federação, e impresso pela Editora Lake, desta capital; mas as publicações de* O Semeador, *sob o título "Perguntas e Respostas", não foram enfeixadas em livro.*

10 — O mago negro conhece Deus? Caso positivo, por que ele pratica o mal?

R — *Deus não é nem pode ser conhecido, objetiva e diretamente, por espíritos em evolução e talvez o possa por Espíritos já libertados dessa sujeição compulsória que visa o aperfeiçoamento do Espírito em todos os sentidos; sobre Deus nada se sabe, a não ser indiretamente e tudo se pode, em conseqüência, imaginar a seu respeito. O que os magos negros cultuam são Espíritos inferiores ou malignos de maior ou menor projeção, mas jamais Deus — O Criador, porque quem pratica o mal desconhece a Divindade verdadeira.*

11 — O sofrimento de Jesus na cruz foi decorrência de uma dívida cármica? Por quê?

R — *Não houve carma, nem poderia haver, no sacrifício cruento de Jesus, porque espíritos de tal hierarquia são incompatíveis com transgressões às Leis Eternas de Deus, que regulam a vida no Cosmo. Nesse acontecimento doloroso o carma existente era da*

Humanidade terrestre e não do Cristo, e seu holocausto foi provocado pela ignorância, fanatismo e, sobretudo, interesses materiais do clero judaico de então.

12 — No paraíso, purgatório e inferno, Deus também está presente? Caso afirmativo, favor explicar porque Deus não intervém no purgatório ou no inferno.

R — *Não há inferno, purgatório e um paraíso, como lugares ou regiões distintas no Plano Espiritual, post-mortem, é claro que Deus estaria presente, indiretamente, através das Leis Eternas, porque nada há nem pode haver no Universo Cósmico fora ou além de Deus e de seus poderes infinitos. Estes três nomes são símbolos de condições psicomorais que a ignorância ou as conveniências transformaram em pontos de crença religiosa, que o avanço do conhecimento espiritual já tornou obsoletos. A vida é infinita, a ascensão é progressiva e não existem penas eternas.*

13 — Por que a *Bíblia* não é o primeiro e nem o último livro sagrado?

R — *A* Bíblia *não é o primeiro livro sagrado porque antes que fosse composto, no período governativo dos juízes, após a conquista de Canaã por Josué, outros mais antigos já existiam, no Oriente, com o mesmo caráter de sagrado, pertencentes a outras correntes religiosas. E não é também o "último", porque outros também foram compostos, com o mesmo caráter, pertencentes a outras religiões, depois que ela foi compilada.*

4

Rio de Janeiro/GB/Maio/1970

14 — O discutido livro *O Cristianismo Esotérico*, de Annie Besant, da Editora Pensamento, SP, registra à pág. 79, dois Jesus. A Doutrina Espírita os aceita ou rejeita? Por quê?

R — *No livro citado na consulta, a autora, aliás espírito de invejável evolução, não se refere a duas entidades, como parece, com o nome de Jesus, mas sim que ele, Jesus, (governador espiritual do nosso planeta — acrescentamos nós) realizou tarefa de redenção de nossa humanidade, na qual outras entidades de maior hierarquia interferiram.*

E é natural que assim tivesse sido, porque a Terra pertence a um sistema planetário, juntamente com outros orbes, estando, portanto, sob jurisdição espiritual de um hierarca de maior ascendência, sistema esse que, a sua vez, se subordina a outra autoridade maior responsável pela evolução da galáxia, da qual nosso sistema faz parte, a saber, a Via-Láctea, a qual, da mesma forma, se subordina a hierarca de determinado universo e assim por diante, indefinidamente.

15 — Basta a *Bíblia* para evoluir? Por quê?

R — *Os crentes que se norteiam pela* Bíblia *na sua vida religiosa, sem dúvida que poderão evoluir com ela, desde que se atenham ao mais importante, do ponto de vista espiritual, a saber: O Decálogo de Moisés, no Velho Testamento e ao Evangelho de Jesus, no Novo.*

Mas aqueles que não elegerem esse livro e se nortearem por outro código de vida moral, mas se conduzirem dentro das linhas fundamentais do amor a Deus e ao próximo, em vivência e não somente em conhecimento platônico, da mesma forma evoluirão.

E se não se ativerem a livro algum oficial, mas se conduzirem dentro das normas cristãs de vida reta e pura, e de amor a Deus e ao próximo, vivendo a doutrina e exemplificando-a na vida de todos os dias, igualmente evoluirão.

Porque o que importa é a consciência, isenta de transgressões morais, o sentimento purificado e os atos perfeitos, segundo as leis de Deus conhecidas; porque estes são fatores seguros de espiritualização e o que espiritualiza faz evoluir.

16 — Qual a diferença entre médium e sensitivo?

R — *Os termos em parte se confundem, na teoria e na prática, porque teoricamente, a sensibilidade individual é sempre indício seguro de mediunidade potencial, conquanto não o seja de mediunidade-tarefa. Chamamos esta última, dessa forma, referindo-nos às faculdades recebidas na pré-encarnação, sob compromisso de trabalho mediúnico, efetivo, no campo coletivo do homem encarnado.*

Há, pois, que distinguir, sensibilidade potencial, inoperante e não produtiva e sensibilidade fecunda, no exercício de tarefas em nosso plano.

Todo médium, portanto, é um sensitivo, porém nem todo sensitivo é médium praticante, no sentido já explicado.

A diferença entre uma condição e outra é que na mediunidade-tarefa as faculdades são suscetíveis de desenvolvimento normal e aproveitável enquanto que a sensibilidade potencial, não é suscetível desse desenvolvimento, com resultados satisfatórios imediatos, no campo coletivo do trabalho.

17 — Qual a definição da Doutrina Espírita sobre religião una?

R — *Não há na Terra unidade religiosa, porque a evolução da humanidade ainda não comporta semelhante conquista, privilégio de mundos mais adiantados.*

Na promiscuidade que aqui se observa pode-se, entretanto, distinguir uma certa tendência evolutiva, desde o primarismo das religiões politeístas (inclusive o totemismo, adoração de muitos deuses) até as monoteístas (culto a um só deus); e, ainda, a filosofia monista — concepção da unidade entre as forças e manifestações do Cosmo; porque essa tendência é inata no homem, porque o homem, em si mesmo, na sua essência, é uma emanação de Deus.

Religião una será portanto aquela que englobe todas as modalidades de crenças com respeito a uma só divindade, o que, ainda, não é possível na Terra, repetimos; noutras palavras aquela que for adotada e praticada por todos os indivíduos de uma humanidade (como a de certos orbes conhecidos) ou ainda, aquela que existirá na Terra no seu próximo estágio evolutivo de planeta regenerado, após o transcurso do atual milênio.

5

Rio de Janeiro/GB/Maio/1970

18 — A Doutrina Espírita aceita integralmente ou reprova o Credo Apostólico, a Bênção Apostólica e a Bênção? Há algum estudo sobre isso?

R — *Não cabe à Doutrina Espírita aprovar ou reprovar crenças, ritos, conceitos, preces, declarações de fé, de outras correntes religiosas ou filosóficas, porque cada uma delas sabe, sente e pratica segundo a evolução dos que as professam, segundo o entendimento que possuem das realidades espirituais e das leis que regem a vida cósmica dos mundos e seres que os habitam.*

19 — Como situa a Doutrina Espírita, Buda, Confúcio, Zoroastro, Pitágoras, Hermes, H. P. Blavatski e C. W. Leadbeater?

R — *Os três primeiros são notáveis fundadores de religiões, na Índia, na China e na Pérsia, respectivamente; o primeiro com superioridade espiritual sobre os demais, por ser considerado uma encarnação crística; o quarto foi fundador de uma escola iniciática de filosofia, ciência, e moral, em Samos, na Grécia, no século VI a.D.; o quinto, como parte de um grupo de refugiados atlantes na pré-história, concorreu à fundação e orientação religiosa do povo egípcio; os dois últimos, médiuns e escritores de renome internacional, muito concorreram para a fundação da Sociedade Teosófica, cujo índice de valores morais são incontestáveis.*

20 — Quem introduziu a primeira obra espírita no Brasil?

R — *Os dois primeiros livros em português foram:* Os tempos são chegados, *do autor Casimir Lieutant, em 1860 e* O Espiritismo na sua expressão mais simples, *do autor Alex Canu, no Rio.*

A primeira tradução de obras de Kardec — O Livro dos Espíritos *deu-se em 1874, feita pelo Dr. Joaquim Carlos Travassos, membro do "Grupo Confucius", recém-criado no Rio, formado por intelectuais que não aceitavam o Espiritismo religioso. Essa primeira tradução trouxe Bezerra de Menezes para as lutas do Espiritismo em nosso país, do qual estava fadado a ser um líder de notável expressão.*

21 — Como encara a Doutrina Espírita a música maçônica?

R — *Ver a resposta a pergunta 18.*

22 — Qual a interpretação que a Doutrina Espírita faz de Mateus 3:11-16?

R — *O batismo a que Jesus também se prestou no Jordão, era rito essênio: simbolizava a purificação do neófito, após prolongada preparação e antes de ser recebido no seio da comunidade. João Batista, essênio de grau elevado, criado e instruído no mosteiro do Monte Hermon, na Fenícia, quando iniciou sua tarefa de precursor, submetia os ádvenas a uma preparação rápida, que se resumia no conhecimento de explanações públicas sobre a vinda do Messias e sua tarefa redentora, preparação essa que exigia auto-exame consciencial, arrependimento de transgressões e compromisso de nova vida futura, com base moral no Decálogo de Moisés.*

Somente após o compromisso o ádvena era levado à margem do rio e ali derramada uma concha de água sobre sua cabeça.

Compreende-se pois que nesse sentido de reabilitação moral e conduta reta e pura que o Evangelho espelha, é que se deve aceitar a recomendação de Jesus aos apóstolos, como consta do 3:11-16 de Mateus.

O Espiritismo segue a recomendação, exigindo dos adeptos a reforma moral, após esclarecimentos doutrinários, visando a evangelização indispensável e para isso criou e mantém, desde 1950, escolas apropriadas, cujos resultados têm sido de admirável significado.

23 — A prática da imposição de mãos sobre a cabeça de uma pessoa pode transmitir magnetismo?

R — *Sem a menor dúvida e o mesmo ocorre quando o gesto é dirigido a qualquer parte do corpo humano desde que: 1) o operador possua capacidade satisfatória de doação de fluidos; e 2) realize a aplicação com o desejo íntimo de fazer o bem ao semelhante, caso em que, através dele, ainda se somam as interferências benéficas dos espíritos assistentes.*

Isso faz parte do capítulo dos passes em geral, largamente difundidos e praticados no Espiritismo, no atendimento de necessitados, como elemento adjuvante dos trabalhos de cura espiritual, não somente na forma singela da imposição de mãos, mas em muitas outras modalidades, como constam de tratados existentes.[1]

6

Rio de Janeiro/GB/Julho/1970

24 — Qual o grau de relação entre Espiritismo, Rosa-Crucianismo, Teosofia e Maçonaria?

R — *Relação direta, em verdade, o Espiritismo não tem com essas doutrinas; indireta terá com as duas primeiras, em alguns pontos como, por exemplo: a crença em uma divindade criadora, a*

[1] Ver o livro *Passes e Radiações* do mesmo autor.

imortalidade da alma e o esforço individual de preparação moral. Mas muito maiores, todavia, são os pontos em que diverge delas, tanto na essência doutrinária, como nas práticas e nas finalidades.

25 — Sem fé há salvação? Por quê?

R — *Já nos referimos ao tema "Salvação" em resposta dada a outro consulente, porém repetimos: a salvação, isto é, a libertação espiritual em relação à vida em mundos inferiores, é conseguida pelas obras, das quais a fé é um poderoso estimulador. "A fé, portanto, é um elemento adjuvante do esforço de redenção".*

26 — Sem caridade há salvação? Por quê?

R — *Não, porque o amor aos semelhantes e suas manifestações no seio da comunidade em que se vive, é uma das características dos espíritos evangelizados e estes, seguramente, estão em condições de merecerem a libertação.*

27 — Pode o homem deixar de ser salvo, mesmo após inúmeras encarnações bondosas? E, atingida a salvação, poder vir a perdê-la?

R — *Como a bondade, no sentido mais profundo, é atributo intrínseco do Espírito que evolui, conquistado pelo exercício do amor aos semelhantes e, por fim, convertido em impulso espontâneo e natural; e se, na hipótese formulada, assim vem sendo através de "inúmeras" encarnações, é evidente, de acordo com as leis espirituais, que o espírito em questão possui condições de alto mérito, asseguradoras de redenção própria, sendo inadmissível, normalmente, que volte atrás; as situações altas, alcançadas na evolução, são estados de alma permanentes, não-suscetíveis de reversão, porque todas as possibilidades que o espírito teve, durante a evolução, de fraquejamento, foram superadas e transpostas.*

28 — A assistência social já era praticada antes de Jesus Cristo? Em caso afirmativo cite exemplos.

R — *Nas sociedades antigas não existia a preocupação para assistência social organizada e os atendimentos de necessitados eram feitos por iniciativa particular, em escala mínima. Os maiores e mais numerosos grupos de necessitados eram escravos de particulares e de governos, dos quais eram inteiramente dependentes e o grau de assistência que se lhe prestava, dependia inteiramente da condição moral dos respectivos* ***senhores****; em muitas regiões do globo os escravos eram considerados como gado, situação esta que dominou também em nosso e em outros países. Mas há notícia de assistência oficial a escravos e necessitados livres como, por exemplo, no Egito, em época anterior a Jesus, onde esse trabalho era feito pelo Colégio Sacerdotal de Ísis (mulheres); e em alguns países da Europa, onde se organizavam sociedades caritativas. Na Palestina, antes, durante e após a vinda de Jesus, esta assistência era dada sistemática e assiduamente pela Fraternidade Essênia, por visitadores ambulantes, ou em asilos e hospitais que funcionavam junto aos mosteiros e santuários, nas montanhas. Mas com Jesus, é que tais preocupações se tornaram obrigação moral dos adeptos e condição importante para a redenção espiritual.*

29 — É antidoutrinário um centro espírita fazer estudo comparado da doutrina espírita com as demais religiões e filosofias?

R — *Além da formação escolar, os espíritas, em geral, devem ter cultura doutrinária a mais ampla possível; isto porém, não exclui o aculturamento também amplo, dentro do possível, em relação a outras crenças e doutrinas que lhes permitirá fixarem-se com mais segurança e conhecimento de causa, na crença espírita, verificando cada um, por si mesmo, a melhor conformidade do Espiritismo com o estado atual de evolução de nossa humanidade terrena. Nada a opor quanto aos centros porque os dirigentes, desde que* *mais cultos, necessariamente, têm o dever de lhes transmitir (aos freqüentadores) conhecimentos doutrinários segundo a capacidade receptiva da assistência. Ao invés de antidoutrinário, é meritório e aconselhável estender, no que for possível, a cultura espiritual dos freqüentadores. O Paracleto, prometido por Jesus, traz o conhecimento das verdades espirituais, que são amplas, irrestritas e universais, como a própria natureza e finalidades da Doutrina dos Espíritos. Quanto mais competentes e esclarecidos forem os líderes e dirigentes espíritas, tanto maior respeito inspirarão ao público e maior capacidade terão para conduzir os adeptos às metas finais da redenção espiritual.*

7

São Paulo/Capital/Julho/1970

30 — Por que Jesus foi condenado, isto é, o que levou os homens daquela época a condená-lo ao madeiro?

R — *O mais importante motivo foi Jesus pregar uma doutrina diferente daquela seguida pelo Sinédrio. O Mestre confirmava a Lei Mosaica, isto é, a Lei do Sinai, a saber: o Decálogo, que não era obedecido pelo clero judaico com fidelidade e isenção; nas suas pregações contrariava a Lei judaica —* A Tora *— conjunto de regras, preceitos e ritos mais que tudo destinado à denominação religiosa e política do clero sobre o povo. Jesus pregava o igualamento das classes, contrariando a organização social e econômica da nação judaica. Pregava também a universalidade da redenção humana, enquanto o clero afirmava o privilégio do judeu sobre todos os povos e, na própria Palestina, fazia exclusão de galileus e samaritanos. Jesus pregava um Deus Pai, fonte de amor eterno, a derramar-se irrestritamente sobre o mundo, enquanto os judeus cultuavam um deus exclusivo, nacional, cioso e violento. Não havia possibilidade alguma de entendimento* *religioso com o clero, desfrutando Jesus do título de Messias, anunciado pelos profetas antigos, crescendo diariamente seu prestígio no seio das massas populares; possuindo ainda poderes espirituais que os sacerdotes não possuíam; tudo isso levou o Sinédrio a decidir que, somente a morte do profeta Nazareno, poria fim a uma situação que, dia a dia, se tornava mais insustentável. A condenação à cruz era comum naquele tempo a malfeitores e transgressores das leis judaicas, das quais o Sinédrio era o único intérprete e o sumo sacerdote autorizado executor.*

31 — O que quer dizer o céu e a terra passarão?

R — *O mundo fenomenal é transitório, passageiro, enquanto que o mundo espiritual permanece na eternidade do tempo. Dizendo céu, Jesus certamente se referia aos astros que brilhavam no espaço, que nascem, vivem e morrem, assim como a Terra, esgotadas suas energias de sustentação cósmica e atingido o fim para o qual os astros foram criados; tudo passa enquanto que as palavras de Jesus permanecem além do tempo e do espaço, porque representam verdades eternas e imutáveis.*

8

Rio de Janeiro/GB/Agosto/1970

Advertência: O número avultado de perguntas não permite respostas detalhadas, exigindo sintetização.

32 — Onde se pode adquirir exemplares de *O Semeador* e livros da coleção *Iniciação Espírita,* no Estado da Guanabara?

R — *Os livros e jornais a que se refere podem ser encontrados na Livraria Editora Sabedoria, rua Senador Dantas, 117, galeria, loja N, Rio de Janeiro.*

33 — A máquina de escrever, por exemplo, de uma biblioteca em que muitos a usam, pode estar cheia de fluidos dos que a utilizam? Por quê?
R — *Quaisquer objetos de uso pessoal, normalmente se impregnam de fluidos bons ou maus, de ambientes ou de pessoas, segundo várias circunstâncias determinantes e intensidades.*

34 — Abaixo de Deus está Jesus Cristo, ou existem hierarquias superiores a Jesus Cristo? Em caso positivo, citar essas hierarquias superiores.
R — *Entre Deus e o ser mais ínfimo da Criação, existe rigorosa gradação hierárquica, delimitada por condições vibratórias, físicas e morais. Nessa escala Jesus ocupa lugar muito alto, como espírito puro, da esfera crística; e, acima dele, a escala prossegue, perdendo-se nos planos indevassáveis dos mundos divinos.*

35 — Quando desencarnamos, o que levamos realmente para outro plano ou além? Virtudes e defeitos?
R — *Ao desencarnar habitaremos as esferas vibratórias que nos competirem segundo as leis de sintonia, continuando a possuir os defeitos e as virtudes que, nos mundos materiais, como a Terra, desenvolvemos ao ponto que atingiram à data da desencarnação.*

36 — A Doutrina Espírita aceita a alma universal? Por quê?
R — *Alma universal só se pode admitir como sendo o próprio Deus Criador, fonte eterna de origem e de alento das atividades universais. Autores há que chamam assim ao conjunto dos seres espirituais habitantes de um universo.*

37 — O que é "Pecado Original" segundo a Doutrina Espírita?
R — *Não há propriamente um "pecado original" primitivo, mas sim, evolução espiritual progressiva; há transgressões de leis*

divinas, inúmeras, variadas, que todos cometemos nos pontos baixos da evolução, por ignorância e imaturidade, que se pagam em "resgates" (provas e expiações) individuais, em mundos inferiores como a Terra. Os sacerdotes de religiões dogmáticas é que, desconhecendo as leis da vida espiritual, tentam explicar as imperfeições humanas com essa concepção primária.

38 — Sob o ponto de vista fluídico é prejudicial emprestar objeto de uso pessoal? Por quê?
R — *Não é prejudicial emprestar objetos de uso pessoal, desde que não haja intercâmbio de fluidos que, por sintonia, mesmo sem intenção deliberada, se transfiram de uma pessoa para outra.*

39 — A Doutrina Espírita proíbe ajoelhar-se ao fazer prece? Por quê?
R — *Não há proibição mas, para fazer preces é indiferente a posição que se toma, os gestos que se fazem, porque a prece é um ato psíquico mental, não material.*

40 — As imagens, os talismãs e as cruzes condensam em si energias eletromagnéticas dos que a elas se dirigem? Por quê?
R — *Imagens, talismãs, cruzes e quaisquer objetos, como já dissemos, acumulam fluidos e os potencializam, podendo também, transferi-los a outras pessoas com afinidade vibratória, ou mesmo sem isso, em havendo sensibilidade individual e, ainda, quando há imantação deliberada.*

41 — É antidoutrinário sessão espírita de manhã, aos domingos, no Centro Espírita?
R — *Nada vemos de antidoutrinário no realizarem-se sessões, ou quaisquer trabalhos espíritas aos domingos. Todos os dias serão bons, se os trabalhos também o forem e vice-versa.*

42 — Em que ano e por quem foi fundada a primeira Escola de Médium no Brasil?

R — *A primeira Escola de Médiuns em nosso país, em caráter formal e público, com programas específicos, foi criada na Federação Espírita do Estado de São Paulo, em 1950, vindo a preencher enorme lacuna no setor do Espiritismo prático. Até hoje essa escola acusa elevada freqüência, multiplicando-se por muitos lugares e atingindo seus objetivos doutrinários.*

43 — A Doutrina Espírita aprova ou reprova o Hinário Espírita com música? Por quê?

R — *A Doutrina Espírita, em si mesma, não reprova a música adequada, em seus trabalhos práticos e, muito ao contrário, a recomenda, desde a Codificação, por ser elemento de alto valor inspirativo e criador de harmonia ambiental, igualmente como sucede nas atividades dos planos espirituais superiores.*

44 — É o planeta Terra realmente um dos lugares de prova e expiação do ser humano? Por quê?

R — *Os mundos siderais têm, cada um, sua destinação própria, condizente com o grau evolutivo dos seres que os habitam. A Terra é mundo de expiação e de provas, e evolui para o estado de mundo regenerado, após o transcurso do atual milênio cósmico.*

45 — Como interpreta a Doutrina Espírita o "Juízo Final"?

R — *A Doutrina Espírita não aceita o "Juízo Final", na sua compreensão habitual, simplesmente porque não haverá um juízo final; existem e sempre existiram, apurações periódicas no campo moral, para selecionamento das humanidades, permitindo a ascese a planos mais altos daqueles que fazem jus a tal benefício; depurações periódicas para facilitar o progresso dos espíritos mais aperfeiçoados.*

46 — É doutrinário antes de abrir uma sessão espírita o Dirigente invocar a proteção de Deus?

R — *Antes de abrir qualquer trabalho espírita, é indispensável fazer uma preparação adequada, não somente lendo trechos de obras, que são úteis, mas que podem também ser lidas em casa. O que se torna absolutamente necessário é promover a elevação do teor vibratório do ambiente, por meio de ligações mentais com planos mais altos, assegurar uma cobertura espiritual benéfica, oferecer aos espíritos que desejam manifestar-se acesso mais fácil ao nosso ambiente, tudo isso para melhorar, de forma apreciável, os resultados do trabalho que se têm em vista.*

9

Rio de Janeiro/GB/Setembro/1970

47 — Qual a diferença entre evocar e invocar?

R — *Há uma sutil, porém, real diferença entre os termos evocar e invocar:* "evocação", *para chamar, solicitar a presença de entidades desencarnadas; e* "invocação", *nas preces, para pedir auxílio, suplicar algo. Conquanto seja conceito doutrinário pacífico, a evocação não deve ser prática corrente utilizada, arbitrariamente, por motivos óbvios; mas as invocações, nas preces, não sofrem as mesmas restrições.*

48 — No que consiste a involução?

R — *Involução, quer dizer movimento retrógrado de um ponto mais alto para outro mais baixo, mais avançado para mais retardado; evolução, ao contrário, é movimento para cima e para a frente. A mônada primitiva involui, caindo na matéria dos mundos densos e evolui, ascendendo para os mundos espirituais, de sua própria origem.*

49 — Qual a diferença entre oração e prece?

R — *Doutrinariamente há diferença entre oração e prece. A oração, entendida como prece pode, também, ser uma prédica, um discurso, enquanto que prece é sempre uma ligação espiritual com o Alto ou com benfeitores espirituais.*

50 — São da mesma hierarquia Jesus e Buda?

R — *A comparação entre Buda e Jesus Cristo pode ser aceita considerando que ambos são missionários divinos, fundadores de religiões, benfeitores hierárquicos, tidos, cada um, por seus adeptos, como merecedores de respeito e veneração, mas Jesus é o Cristo planetário.*

51 — Qual a ação do Espiritismo nas doenças materiais?

R — *Nas doenças incuráveis e mortais o Espiritismo esclarece o doente, oferece-lhe consolação e certezas seguras de sobrevivência e de vida mais feliz nos planos espirituais, onde a cada um é dado segundo suas obras; mostra a doença como um meio seguro de purificação e a morte como o transcurso natural de uma etapa da evolução humana; desvia o espírito enfermo da crença inadmissível das penas eternas e lhe abre horizontes bem amplos para novos esforços e aperfeiçoamentos no futuro.*

52 — O que vale na hora da morte?

R — *O recurso a Deus à hora da morte é impulso natural do homem comum, por instinto de sobrevivência e por temor do desconhecido; é sempre conforto e esperança nas horas difíceis e decisivas da vida de todos nós.*

Esse recurso, porém, haja ou não arrependimento das culpas, não as elimina, nem as atenua, alterando a situação que aguarda o doente após a morte. As leis de Deus são de irrecorrível cumprimento e não se alteram por impulsos de momento. O que vale ao moribundo são os méritos já adquiridos, devidamente registrados, os fatos e atitudes das vidas passadas.

53 — O mal é irreversível?

R — *Os homens, em seu conjunto, podem ser maus por ignorância, por influências do meio, de raça, de nação, de família, mas deixam de sê-lo quando superam o instinto gregário, libertando-se de injunções e preconceitos e esforçando-se para espiritualizarem-se; conseguido isto entram na comunhão da fraternidade universal.*

54 — O Espiritismo mantém intercâmbio com a Ordem Rosa Cruz?

R — *A Doutrina Espírita não mantém intercâmbio com a Ordem a que se refere. Queira tomar conhecimento dos informes publicados anteriormente.*

55 — Como agem os Elementais?

R — *"Elementais" são seres habitantes do umbral inferior da Terra; são inconscientes, irresponsáveis, mas sensíveis aos pensamentos e à vontade humana. Representam os instintos da Natureza e agrupam-se em várias famílias ou classes. Não é conhecido seu tempo de vida. Não confundir com "larvas" que são produtos mentais humanos. Para mais detalhes podem consultar o livro* Mediunidade, *capítulo 14: "Os Elementais", Editora Aliança.*[2]

56 — Como Kardec julgava a música?

R — *Kardec, como toda pessoa de cultura ampla e sentimentos evoluídos, certamente que apreciava a música. Ver* O Livro dos Espíritos, *pergunta 251 e outras obras da Codificação.*

[2] Atualmente (1999) na 4ª edição, com mais de 120 mil exemplares vendidos. (Nota da Editora)

57 — O Espiritismo tem rituais?

R — *Não há ritual organizado ou adotado para as práticas espíritas. O Espiritismo encarece o valor das ligações mentais diretas do espírito com Deus, como Jesus também ensinava; sem intermediários, formalidades ou ritos.*

58 — Os Espíritas podem ser maçons?

R — *Não há proibição de adeptos espíritas serem maçons, nem necessidade disso, porque o Espiritismo é, por si só, doutrina completa e avançada, no que baste ao conhecimento humano nesta fase evolutiva, na qual se incluem as atividades do campo assistencial de necessitados. Para os adeptos isso é imperativo e por todos aceito e respeitado.*

59 — Quais as primeiras manifestações espíritas no Brasil?

R — *Nada há a estranhar que, sendo o Brasil a nação escolhida para manter acesa a chama do Evangelho no mundo, aqui houvesse, ao mesmo tempo que em outras partes e antes mesmo da Codificação, manifestações de caráter espírita.*

60 — O batismo era adotado entre os judeus?

R — *Oito dias após o nascimento, as crianças eram apresentadas às sinagogas locais, não para batismo, que não era rito adotado pelos israelitas, mas para efeitos legais de registro; e 40 dias após, sendo primogênitas, eram levadas ao templo de Jerusalém para efeito de consagração ao deus nacional — Jeová. Jesus era primogênito do segundo matrimônio de José e assim se cumpriu a seu respeito.*

Deixou-se, aos trinta anos de idade, batizar por João, no Jordão, para honrar a tradição mosaica e profética, em cuja linha histórica sua tarefa messiânica se situava; no mesmo passo prestigiava também a tarefa do seu precursor e a Fraternidade Essênia, da qual este fazia parte e da qual ele mesmo, Jesus, sempre recebera aconchego espiritual e o mais incondicional apoio.

61 — Qual o nome terreno da mãe de Jesus?
R — *A Mãe terrena de Jesus chamava-se Maria, nominativo hebraico, que vinha desde os registros do cativeiro no Egito; mas foi popularizado pela Vulgata Latina como Maria.*

62 — A cruz nasceu com o sacrifício de Jesus?
R — *A cruz era objeto muito antigo e conhecido, usado muito antes do nascimento de Jesus. Sua forma lembrava uma letra da escritura sânscrita hindu, reproduzida pelos egípcios e pelos hebreus. O símbolo secreto do Cristianismo Primitivo era um peixe e não uma cruz; somente no século V (a.D.), esse objeto foi transformado em culto e em símbolo religioso, pelo catolicismo romano. Era também muito comum o castigo de morrerem os condenados pregados a uma cruz.*

63 — O Espiritismo proíbe o uso da carne? E do sangue?
R — *O Espiritismo não proíbe o uso da carne de animais, mas os adeptos que mais se devotam à purificação de corpo e espírito, são abstêmios, porque desejam libertar-se, mais depressa, dos estigmas da animalidade inferior.*

Tomar sangue, como consta da pergunta é, portanto, prejudicial, nas referidas circunstâncias, por conter essa linfa condensação ainda maior dessa impureza animal; além disso é prática condenável de magia negra.

10

Rio de Janeiro/GB/Outubro/1970

64 — Jesus encarnará novamente?
R — *Segundo a tradição, Jesus Cristo não voltará a encarnar na Terra neste atual ciclo evolutivo e ele próprio declara isso. Com a*

encarnação na Palestina rematou o ciclo no ponto mais alto da revelação, que é o do amor universal, o entendimento de um deus-pai e da irmandade dos homens como filhos, para cuja redenção deixou ele os ensinamentos imortais do Evangelho, cabendo agora aos homens fazer a parte que lhes toca.

65 — Qual o valor das preces mortuárias?

R — *Como o Espiritismo não tem ritos nem cerimônias, para a despedida daqueles que se retiram da vida terrena, bastariam as vibrações e as preces em comum, caso desejem que sejam feitas. Mas estas terão valor muito relativo, porque o que vai ser de utilidade maior àquele que desencarne será a conduta que teve, os atos que praticou, a pureza dos sentimentos, não sendo necessário nem cabível a espíritas solicitar cerimônias mortuárias de outra religião, a não ser que desconheçam a Doutrina, ou sejam simples aderentes de superfície.*

66 — Como entender a frase "mãe de Deus"?

R — *A frase "mãe de Deus" é, no fundo, absurda, simplesmente porque Deus não tem mãe; e só pode ser adotada alegoricamente. Deus é anterior a tudo e a todos. A frase, todavia, pode ser aceita por aqueles que atribuem a Jesus a qualidade de Deus que, como sabemos, é uma simples declaração ou imposição do dogmatismo religioso ou mitológico.*

67 — Que significa "alma danada"? E elementais?

R — *A frase "alma danada", pode ter várias interpretações, todas ligadas à superstição popular. Pode-se, todavia, admiti-la como designando Espírito que sofreu malefício, entrando em perturbação e tornando-se depois, ele mesmo, agente de atos maléficos, aterrorizantes.*

As práticas que levam à penetração nas faixas habitadas pelos "elementais", sem os resguardos necessários, expõem os médiuns a conseqüências perigosas, inclusive vampirizações e dominações graves, por tratar-se de seres irresponsáveis, como já dissemos, capazes de desencadear a força dos instintos naturais que representam.

A Doutrina não exclui, como objetos de estudo e como elementos auxiliares de curas materiais e espirituais, os seres acima referidos, mas esclarece quanto ao modo de fazê-lo, os cuidados a ter e a exigência de conhecimentos adequados. Via de regra não aconselha essa praticagem à maioria.

68 — O que ensina o Budismo? E o *Bhagavad Gita*?

R — *O lado esotérico do Budismo é o que ensina ao adepto o conhecimento de si mesmo; o desenvolvimento de faculdades inatas; a obtenção de poderes pessoais; a unidade da criação universal; o desprendimento do mundo material e as realizações concernentes à reintegração em Deus. Em muitos pontos, portanto, coincide com os ensinamentos espíritas, quando bem compreendidos.*

Nada impede que escritores espíritas em geral façam referências a quaisquer obras doutrinárias não-espíritas, citando-as, comentando-as, sem nenhum espírito de crítica subalterna ou sectária mas, simplesmente no sentido educativo dos leitores. O Bhagavad Gita *é o evangelho védico, livro clássico do conhecimento oriental antigo; não é livro budista.*

69 — Até quando os homens reencarnam?

R — *Desde que o homem, na sua evolução, consiga extinguir suas dívidas cármicas, isto é, resgatar seu passado culposo, através de provações e expiações superando as transgressões, fraquezas e imperfeições psíquicas, naturalmente que se libertará das reencarnações punitivas e ascenderá a graus mais altos na hierarquia espiritual. Antes disso não.*

Há transgressões que se resgatam em uma só encarnação e outras, mais graves, que exigem sucessivas imersões nos planos materiais inferiores em mundos apropriados. A Terra é um deles. Enquanto houver resgates a fazer, as reencarnações serão inevitáveis.

70 — Que significa "estado fronteiriço de consciência"?

R — *Estado fronteiriço de consciência é uma frase como outra qualquer querendo significar a situação psíquica em que o espírito, carecendo ainda de evolução maior, não possuindo ainda plena segurança de seus atos e convicções, sofre conflitos internos, vacila sobre a conduta a seguir, atitudes a tomar, juízos a formular, ante determinadas circunstâncias ou necessidades de ação.*

71 — Existe um deus interno em nós?

R — *A Doutrina ensina que os espíritos (encarnados ou não) são partículas luminosas emanadas de Deus, no ato da Criação, e que, ao termo da evolução, voltam à origem, nos planos espirituais. Portanto não há, propriamente um deus interno e nós é que, como partículas divinas em curso de evolução, vamos nos transformando, aos poucos, em seres espirituais, dotados de atributos superiores, a saber: inteligência, razão, vontade, capacidade mental criativa e sentimento universalizado de amor.*

72 — O misticismo é um mal?

R — *O Espírito humano naturalmente que pode ser místico, no bom sentido, justamente por ser um Espírito; mas não sofrer de um misticismo mórbido, inibidor de ação construtiva no meio em que vive, porque, é pela ação, sobretudo em bem dos semelhantes, que o Espírito encarnado afirma sua condição de cristão verdadeiro, evangelizado. O misticismo é a possibilidade que ele tem de ligar-se mais facilmente aos planos espirituais, de forma íntima e direta, mas não passiva.*

73 — Qual a significação da trindade?

R — *Não há trindade no Espiritismo, como também não houve no Cristianismo Primitivo. Trindade é a fórmula segundo a qual determinadas religiões explicam a natureza do Criador Divino, equiparando-a ao tríduo genético humano de Pai-Mãe-Filho.*

Esta fórmula sofre variações, como por exemplo, Pai-Filho-Espírito e outras, segundo conveniências organizativas das religiões que as adotam. Mas Deus é um só e detém todo o poder criativo, sem necessidade de divisões em si mesmo.

74 — Quais as vantagens do pluralismo religioso?

R — *Não há necessidade de conciliar o Espiritismo com o pluralismo ou o ecletismo religioso. O Espiritismo não foi edificado nessa base e sua parte religiosa fixa com clareza seus fundamentos principais: reforma moral dos adeptos e ação dinâmica no meio social, como demonstração de amor a Deus e aos semelhantes, sem o que não haverá redenção.*

11

Rio de Janeiro/GB/Novembro/1970

75 — Qual a melhor conduta para quem ainda não se fixou, tendo mediunidade?

R — *Se possuía mediunidade, deveria ter sido feito o desenvolvimento até o final; e, por ter ficado sem cobertura espiritual, ocorreu o inevitável, a saber: a abertura para as perturbações de fundo espiritual.*

Se passou a freqüentar, há três anos como diz, o Círculo Esotérico e sobreveio a perturbação de que se queixa, ali mesmo deveria ter sido atendido; mas como a instituição não tem recursos específicos para isso, por não aceitar esse intercâmbio mediúnico, foi obrigado, como diz, a procurar uma casa espírita, onde lhe ofereceram o desenvolvimento de que necessitava.

Se freqüentou o Espiritismo anteriormente e ali voltou a encontrar agora o apoio e os recursos de que carece, qual a vantagem de freqüentar outra instituição, por séria e elevada que seja? E se não tem confiança no Espiritismo como doutrina, porque o procurou agora? Não há uma evidente contradição de atitudes?

Mas, se mesmo assim, prefere o Esoterismo, nada há a opor a que freqüente a ambos, ao primeiro como hábito e ao último como necessidade sem que, neste caso, se devote a nenhum, continuando, desta forma, a perder tempo precioso para sua redenção espiritual, que somente a evangelização, a vivência evangélica, nos termos do Cristianismo primitivo, que o Espiritismo representa na atualidade, está em condições de oferecer de forma objetiva e prática.

Não veja nisso qualquer crítica menos digna em relação à instituição a que se refere, que vem aliás, há muitas décadas, prestando valiosos serviços no campo do esclarecimento espiritual em nosso país.

12

Rio de Janeiro/GB/Dezembro/1970

76 — Deve-se impor a Doutrina a familiares?

R — *Julgamos acertada sua conduta em relação a familiares e sadia e justa a conceituação doutrinária.*

Do ponto de vista religioso, estando garantida a liberdade de ação, cada um crê naquilo que sua evolução comporta. Os indivíduos filiam-se às correntes religiosas que preferem ou para as quais foram levados e, à medida que amadurecem, fazem opções, mudando de posição.

Quanto ao Espiritismo, é doutrina amplamente liberal; difunde seus ensinamentos por meios pacíficos, confirma-os com fatos, mas não faz proselitismo ou imposições.

77 — Que relações um Centro Espírita deve manter com outras religiões?

R — *Nada vemos que possa levar Centros Espíritas a manterem intercâmbio, deliberado ou forçado, com quaisquer correntes religiosas dogmáticas, ou discordantes de seus postulados e princípios doutrinários.*

Respeito recíproco, na base dos preceitos cristãos da fraternidade universal, é o que deve normalmente existir, mas não entrosamento funcional ou ideológico porque, infelizmente, para tanto ainda não existe perspectiva.

O Espiritismo, doutrina jovem, mas com raízes profundas nas verdades espirituais eternas, neste estágio evolutivo basta-se a si mesmo, oferecendo aos adeptos três setores intrínsecos de opções para atividades preferenciais. Ao mesmo tempo, flexível, de caráter racional, evolutivo e universalista, está sempre apto a receber do Plano Espiritual, revelações progressivas, que transmite aos adeptos de forma simples e clara.

No setor religioso, integra-se visceralmente ao Evangelho de Jesus, que ensina a viver e não somente compreender ou interpretar e o faz sem ritos, dogmas, ou exclusivismo de qualquer natureza.

Que mais precisa o adepto senão pôr-se altura do legado espiritual, tornar-se digno dele, esclarecendo-se espiritualmente e devotando-se à vivência evangélica em todos os atos de sua vida social ou particular?

78 — Qual o valor religioso do Protestantismo?

R — *O Protestantismo é uma diversificação do Catolicismo Romano, operada por divergências internas, escrúpulos de ordem* *moral e doutrinária e leva sobre este último, entre outras vantagens, o ser menos formalístico e ostentoso, exigir maior conhecimento doutrinário dos adeptos, conquanto se atenha excessivamente à letra dos textos; mas, assim como ao Catolicismo Romano, cabe-lhe a glória de ter, "malgré tout", realizado um ingente esforço no sentido de perpetuar a tradição cristã no mundo ocidental.*

O Espiritismo não tem a mesma origem, nem filiações a organizações religiosas construídas por mãos humanas. Suas raízes estão plantadas no Plano Espiritual Superior do governo da Terra; é o Paracleto Consolador prometido por Jesus e foi trazido aos homens por mensageiros espirituais; ensina o entendimento evangélico não pela letra — sempre de sentido variável — mas em espírito e verdade, isto é, com fundamento na moral do Evangelho, no amor universal que não conhece exclusivismo, e na paternidade de Deus.

79 — Em relação a outras religiões, qual o mérito do Espiritismo?

R — *Considere-se que nosso intuito é esclarecer doutrinariamente e não promover indagações no recesso funcional, ideológico ou interpretativo de outras correntes religiosas, estabelecendo comparações, como pede, por serem sempre desaconselháveis e dispensáveis.*

Esta é a razão porque deixamos de comentar os artigos de 1 a 25 do cap. II dos Cânones da Igreja Metodista do Brasil, permanecendo nas anteriores considerações de ordem geral, que devem ser suficientes para orientar a conduta dos consulentes.

Devotem-se, pois, os Centros Espíritas, sobretudo as comunidades de jovens, ao estudo cuidadoso e inteligente da Doutrina e suas práticas sadias e singelas, fugindo de deturpações e desvios, sobretudo provenientes de correntes paralelas inidôneas, que não pertencem à Doutrina e recorram, sempre que preciso, a instrutores aptos à solução das questões menos acessíveis, pois que esta é a tarefa dos dirigentes e líderes.

80 — Qual o valor das frases rituais?

R — *A emissão de vogais ou sílabas ritualísticas para os efeitos que visam obter, não sofrem influência de ambientes mas, sim, da maior ou menor capacidade criativa mental do emitente.*

13

Rio de Janeiro/GB/Abril/1971

Série de perguntas sobre Kardec.

81 — *Respondemos englobadamente a umas e em separado a outras. N°s 1, 2, 4, 5, 6, 7, 8, 9 e 10.*

O Sr. Rivail (Allan Kardec), casou-se em 1832 em uma igreja católica romana nas proximidades da Rua Sant'Ana, além do casamento civil, que existia desde à época de Napoleão Bonaparte. E seu primeiro contato com a futura doutrina deu-se em 1855.

O ter-se casado em uma igreja ou em outra, de um culto ou de outro, não deve ser motivo de preocupações porque, além do mais, ainda não havia feito contato com os fenômenos psíquicos não tendo, portanto, compromisso algum que pudesse influir no seu comportamento particular; e, mesmo que esse primeiro contato já houvesse sido feito, somente isso não lhe tiraria a liberdade de agir como entendesse e, ainda mesmo que já se houvesse integrado nos esforços e estudos que levaram à Codificação da Doutrina, mesmo isso não seria impedimento de consorciar-se na religião que, porventura, sua futura esposa professasse, tudo principalmente porque a futura doutrina ainda não existia e, também conseqüentemente, qualquer regra ou instrução que proibisse tal procedimento, o que, aliás e acertadamente, até hoje também não existe, porque o Espiritismo não é doutrina dogmática, mas racional e universalista, que não força crenças ou consciências; os espíritas verdadeiros ou crêem firme, consciente e espontaneamente na Doutrina e permanecem nela e lhe dão testemunhos em quaisquer circunstâncias, ou vacilam e duvidam e, nestes casos, têm liberdade para procederem como melhor convier.

Nestas condições nenhuma necessidade havia de Kardec fazer, em qualquer ocasião ou circunstância, referência a este assunto ou outros de natureza particular, dos quais, aliás, jamais fez segredo dando, em várias ocasiões, informações públicas sobre atitudes e críticas depreciativas feitas por opositores.

Doutra parte, desconhecemos mensagens ou manifestações de mentores espirituais de responsabilidade, como Emmanuel e Bezerra de Menezes, proibindo comentários sobre tais assuntos: e se algumas houve, provavelmente o foram no sentido de aconselhar e chamar a atenção para a sem razão deles.

Respondo agora, separadamente aos demais itens:

nº 3) O respeitável confrade Canuto Abreu não fez omissão proposital desta matéria em publicações suas, justamente por não haver nada a comentar.

nº 11) O fato de Kardec casar-se em uma igreja católica-romana em nada diminuiria o mérito do seu magistral trabalho de codificação da Doutrina dos Espíritos, por todos reconhecido como o mais perfeito e útil possível, podendo se dizer, neste caso, que a obra engrandeceu o obreiro.

nº 12) O casamento, para todos os encarnados, na maior parte das vezes, é problema articulado anteriormente no Plano Espiritual e, no caso de Kardec, pela transcendente natureza de sua missão, a regra se reafirmaria com ainda maior propriedade e exatidão.

Observações:

As divergências sobre detalhes doutrinários como estes, mormente tendo cunho tão pessoal, não levam a qualquer fim construtivo e útil.

O problema de mais profundo interesse para todos os espíritas deve ser o do esforço de reforma íntima, visando a evangelização, sobretudo considerando que encarnamos nesta época espiritualmente tão importante, nascendo em um país com a predestinação do nosso, dentro de uma doutrina que abre portas largas e oferece tamanho auxílio às realizações individuais, visando a redenção! Ninguém deve pois perder tempo com estes detalhes, a não ser que trate de investigadores, historiadores...

14

Rio de Janeiro/GB/Maio/1971

82 — Qual a interpretação que se pode ter do termo Luz Eterna, como consta do tomo n° XI, *Iniciação Espírita*, página 19?

R — *A do "conhecimento" em relação às leis divinas que regem a evolução universal.*

83 — A Doutrina Espírita concorda que está no desejo a causa do Mal?

R — *O Mal significa ausência do Bem, primarismo, retardamento evolutivo, ignorância espiritual. O "desejo", que é um princípio fundamental da Doutrina Búdica, é conseqüência dessa imaturidade; representa impulsos naturais dela, nos influxos irresistíveis da ascensão. Satisfeitos estes, surgem outros e outros, indefinidamente, cada vez menos grosseiros ou animalizados, à medida que os seres galgam degraus mais altos na escada da evolução. O ensinamento búdico visa arrancar o homem mais depressa dessa situação de inferioridade. É necessário, entretanto, não confundir "desejo" com aspirações e ideais mais elevados.*

84 — É possível conciliar os ensinamentos de Buda com os do Espiritismo?

R — *Certamente que sim, pois que ambos, ensinam as mesmas verdades, com alterações compreensíveis; as mesmas que Jesus também ensinou; e que ensinaram os missionários de todos os tempos, conquanto com palavras diferentes em épocas diferentes. A verdade fundamental é uma só, conquanto tenha muitas aparências: Buda ensinando como conter o Mal e desprender-se do mundo e Jesus, pelo Evangelho, transmitindo a verdade de se praticar o Bem na fraternidade universal.*

85 — Basta o conhecimento para evoluir?

R — *Há conhecimentos de muitas espécies mas, se o consulente se refere ao conhecimento como "sabedoria", pode-se afirmar que isso só não basta; há muita sabedoria devotada ao mal, sobretudo no materialismo; dos atributos do espírito superior, a sabedoria é somente uma parte; a outra é o amor, no seu sentido universal e divino.*

86 — Os ensinos de Krisnamurti entram em choque com os de Roustaing?

R — *Krisnamurti é espírito evoluído e basta ter optado pela mediocridade, para prová-lo; sinceridade e sensatez são-lhe atributos pessoais; além disso, publicou obras estimadas. Roustaing foi investigador corajoso e sincero, que veiculou conhecimentos espirituais da forma pela qual os recebeu pela mediunidade de terceiros e os publicou em obras respeitáveis. Cada um, pois, executou o seu trabalho de forma meritória.*

Para maiores detalhes, somente com indicação de pontos e assuntos definidos.

87 — O que é "hipirete" de O Logos?

R — *O termo grego se traduz por o "mais imediato", o mais* *junto, o mais sintonizado, o que mais sentiu e penetrou na essência e na vida do Logos, termo que alguns autores atribuem a Jesus, como divindade encarnada, do qual, pelo sentido, João Evangelista foi o "hipirete".*

88 — Canuto Abreu já publicou outros volumes da *Iniciação Espírita*?

R — *O erudito confrade citado acima, atendendo a pedido nosso, tomou a seu cargo, em 1949, a matéria concernente à História dos Evangelhos, inserida na referida série da Escola de Aprendizes, mantida desde aquela data pela Federação Espírita do Estado de São Paulo e, nessa série, nenhum outro trabalho seu foi publicado.*

89 — Que é Teologia Espírita?

R — *É o conjunto de conhecimentos da Filosofia Espírita, referente à Divindade, com base no Novo Testamento, sobretudo no Evangelho de João, com as interpretações formuladas pelas Entidades espirituais que ditaram a Kardec* O Livro dos Espíritos *e formam o substrato religioso da Codificação da Doutrina.*

90 — Qual é a interpretação de "O Mal", segundo a Doutrina Espírita? "As ações condenáveis deixam nódoas na alma, que o simples arrependimento não apaga."

R — *Para a definição do "Mal" veja resposta da pergunta 83.*

As transgressões praticadas contra as leis de Deus para serem resgatadas normalmente, passam pelo seguinte ciclo: compreensão, arrependimento, expiação e reparação. Somente o arrependimento, como se vê, não basta para libertar o espírito culpado.

91 — A Escola de Médiuns foi instalada solenemente por Bezerra de Menezes na FEB?

R — *Sua contribuição foi e continua a ser permanente, ininterrupta, a partir daquela data até hoje, tendo sido, sob sua inspiração, fundada a Escola de Médiuns da FEESP e da Aliança Espírita Evangélica e incrementando em todos os sentidos a educação de médiuns em nosso país.*

92 — Sendo a Doutrina Espírita radicalmente contra o ritual, um espírita pode ser maçom?
R — *Assunto já ventilado na resposta da pergunta 58.*

93 — A Doutrina Espírita apóia a velha tese de que o canto de hino sacro prejudica a mediunidade?
R — *A pergunta está malformulada; se se refere à mediunidade em si mesma, esse canto em nada a pode alterar; mas se se refere aos trabalhos de desenvolvimento mediúnico então sim, o canto será um desviador de atenção que dificultará as concentrações e outros atos; o mesmo porém não ocorrerá nos trabalhos de efeitos físicos, nos quais os cantos serão até mesmo elementos de colaboração.*

94 — Um ambiente pode se tornar sagrado pelos pensamentos das pessoas que nele estejam?
R — *Se isso acontecer de forma permanente e os pensamentos forem de elevada expressão espiritual, o ambiente em que residam ou atuem essas pessoas, certamente que será puro, enquanto essas boas influências permanecerem.*

95 — Jesus é Deus?
R — *O caráter sobrenatural que foi dado, desde os primeiros tempos a Jesus e às suas atividades na Palestina, concorreu a que fosse considerado um deus, entidade que não evoluiu como os seres humanos, possuindo desde sempre condição divina de Filho*

de Deus, sob a qual concorreu mais tarde à formação da trindade católica romana.

Mas, além do que se sabe doutrinariamente em contrário dessa versão, podem-se encontrar referências sobre sua verdadeira condição de espírito que evoluiu nas reencarnações como Filho do Homem até alcançar o elevado grau hierárquico de espírito crístico: uma dessas referências e a mais valiosa, do ponto de vista espiritual, está no Apocalipse de João, cap. 3:21.

Mas este é um dos pontos controvertidos da Doutrina que não nos autoriza a formar sobre ele juízo definitivo, devendo-se respeitar as diferenças de opiniões ou correntes doutrinárias divergentes, em reverências à excelsa entidade do Divino Mestre. Contudo, o certo é que Deus é o ser Supremo, Absoluto, Eterno e Único.

96 — Onde ficam os "perdidos"?

R — *Esta designação é partidária, não de senso geral. Para o Espiritismo normalmente não há seres humanos que se percam definitivamente, isto é, que sejam eliminados da evolução e este é também o ensino evangélico.*

97 — Espírita é proibido de ler revista musical sacra?

R — *Aos espíritas não se pode proibir leitura de revista musical sacra, nem seja o que for, porque o Espiritismo é doutrina liberal, racional, isenta de dogmas, fanatismos e intolerância. O problema, em todos os casos semelhantes a este, é esclarecer e não proibir.*

98 — Perguntas de católicos romanos catequistas.

a) O Espiritismo proíbe terminantemente um espírita de ser padrinho de batismo e casamento na Igreja Católica?

R — *Reitera-se a resposta anterior. Não há o que proibir, mas esclarecer, respeitando-se o livre-arbítrio.*

b) Que o Espiritismo não tem rituais, nem os adota de outras crenças, que sempre respeita.

c) Para a purificação dos espíritos encarnados, da qual o batismo é um símbolo, o Espiritismo oferece escolas de evangelização pela reforma íntima.

Quanto ao casamento religioso, o Espiritismo nada tem a opor, mas aconselha a seus adeptos de conformidade com as leis do país. Nada impede que sejam testemunhas desses atos, quando solicitados, mas ressalva sempre sua filiação doutrinária, dando assim exemplo de compreensão e tolerância. Isso não quer dizer, em ambos os casos, que adotem, facilitem ou promovam tais ritos estranhos à Doutrina.

Convém, entretanto, dizer também que a própria igreja católica-romana afasta tais problemas, porque não podem ser padrinhos, nos dois ritos, pessoas não praticantes dessa religião. As proibições feitas por algumas casas espíritas visam unicamente impedir que companheiros menos esclarecidos submetam-se às exigências católicas-romanas, ou outras quaisquer, testemunhando tais atos quando convidados por amigos e parentes.

Basta declarar sua qualidade de espírita, convicto e consciente, para que possa escusar-se, delicadamente, desses compromissos ou convites.

As inúmeras perguntas deste item deixam de ser respondidas porque as respostas podem ser consideradas polêmicas, o que é contrário ao programa publicitário deste jornal e do espírito liberal da Doutrina.

99 — Qual a interpretação que o Espiritismo faz do desquite?

R — *As leis do país favorecem os milhares de casais afastados da compreensão evangélica e desconhecedores da lei dos resgates cármicos mas, ao mesmo tempo, oferecem esse remédio aleatório, útil aos casos extremos em que a convivência dos cônjuges torna-se contraproducente, perigosa, indicando futuras conseqüências* *maléficas para ambos. Este problema está estudado com detalhes no opúsculo de nossa mesma autoria denominado* Separações Conjugais *e outras obras.*

100 — A Doutrina espírita é pró ou contra as operações de transplantes nos seres humanos?

R — *Os transplantes de órgãos e membros são recursos heróicos da Medicina para remediar males que afligem a humanidade, mas os resultados são muito relativos e precários, porque se a técnica cirúrgica é suficientemente hábil na manipulação material, despreza todavia os elementos principais do problema que são os do campo espiritual, ligados aos prazos encarnativos e aos resgates devidos, pelas transgressões cometidas em vidas anteriores, como, também, os teores vibratórios individuais.*

101 — As mudanças meteorológicas têm alguma influência nos trabalhos espíritas?

R — *Podem ter, de forma restrita quando, por exemplo, tempestades e outros tumultos aéreos favorecem a movimentação de legiões de espíritos inferiores desencarnados, e elementais que podem influir sobre os médiuns, sobre as correntes de cura e outros trabalhos práticos.*

102 — Revolução do sexo é Doutrina Espírita?

R — *O que o consulente chama de revolução do sexo é, em grande parte, fenômeno que precede as grandes mudanças cíclicas da evolução da Terra, ocasião em que surgem a desorientação social e a decadência moral, como atualmente se observa em nosso globo. Nessas épocas, no Plano Espiritual, ocorre uma liberação de legiões de espíritos inferiores, ali contidos e que agora são libertados, para se aproveitarem da oportunidade para melhorarem sua condição espiritual, encarnando em qualquer dos países do* *globo. O desenfreio sexual é uma das manifestações mais visíveis dessa invasão de espíritos retardados e rebeldes.*

103 — As pílulas anticoncepcionais são aceitas ou rejeitadas pela Doutrina Espírita?

R — *Tanto esses remédios como quaisquer outros meios restritivos (a não ser em casos justos como, por exemplo, impedimentos fisiológicos) devem ser rejeitados:*

1) porque impedem a reencarnação de espíritos necessitados de novas experiências que, aos milhares aguardam sua oportunidade redencional nos Planos Espirituais;

2) porque esse uso acarreta para seus aderentes terríveis represálias dos espíritos desencarnados prejudicados no seu nascimento;

3) porque há sempre reflexos maléficos sobre o organismo físico, como a própria Medicina já está anotando.

15

Vitória/ES/Maio/1971

104 — Em trabalho de desobsessão qual o papel dos dirigentes e quais as práticas mais acertadas?

R — Em trabalhos desse tipo os benfeitores espirituais conduzem os espíritos obsessores aos locais adequados e eles mesmos favorecem os envolvimentos de médiuns, segundo conveniências e possibilidades individuais, em base de sintonia vibratória.

Aos dirigentes cabe orientar o trabalho, velando pela disciplina, ordem, harmonização do ambiente e obediência às regras e métodos doutrinários concernentes ao caso, visando sempre assegurar resultados satisfatórios nos dois planos.

Escolhido pelo diretor espiritual do trabalho, o médium mais indicado para cada atendimento, a corrente deve vibrar em auxílio deste para que a incorporação (parcial ou total) se dê em boas condições, porque, não havendo sintonia entre médiuns e obsessor, a incorporação é sempre mais difícil, o que vale dizer que não é qualquer médium que serve para qualquer trabalho.

Quando há insuficiência mediúnica, os benfeitores espirituais intervêm diretamente, suprindo as falhas, de vários modos, para que se torne possível o atendimento, mas o ideal é que haja médiuns selecionados para os diferentes casos.

Terminado o trabalho a corrente deve amparar o médium no despertamento, com vibrações de harmonia e calma, para que ele não se ressinta dos fluidos pesados com os quais se defrontou e saturou.

O trabalho dos dirigentes, além do que foi dito para a preparação da sessão, é fazer a doutrinação do obsessor, sem interferência na incorporação, nem tentando forçar esta com gestos e ordens verbais, dirigidas aos médiuns ou aos espíritos desencarnados sendo, portanto, inútil e fantasioso o hábito "de mandar passar o obsessor de um médium para outro", providência essa que, quando porventura necessária, cabe aos operadores espirituais.

Há muitos outros detalhes de interesse a respeito deste assunto que podem ser encontrados em obras doutrinárias como também nos livros Trabalhos Práticos de Espiritismo, Desenvolvimento Mediúnico Prático *e outros.*[3]

16

Juiz de Fora/MG/Julho/1971

105 — A afirmação do espírito Ramatis, ratificada pela obra *Judas*

[3] Obras do mesmo autor. (Nota da Editora)

Iscariotes e sua reencarnação como Joana D'Arc, de autoria do confrade José Fuzeira possui autoridade mais idônea do que está referida nos evangelhos de Mateus, Marcos, Lucas e João?

R — *Este assunto é de controvérsia e não temos espaço para entrar em seu conteúdo histórico-doutrinário, nem o caráter simplesmente informativo desta coluna o comporta; mas há verdades incontestáveis e de conhecimento pacífico que permitem esclarecer o seguinte:*

Os instrutores desencarnados, de hierarquia maior, têm acesso normal aos arquivos eternos, conhecidos e citados, desde milênios, por filosofias e religiões orientais, sob nomes diferentes como sejam: akasa, clichês astrais, registros etéreos e outros que, realmente, gravam tudo o quanto ocorre (fenômenos naturais, acontecimentos históricos e fatos ligados a pessoas e coletividades, inclusive pensamentos e atos individuais), desde os primórdios da Criação Divina; são um testemunho irrefutável e eterno da vida dos orbes e das humanidades que os habitam e, verdadeiramente, o olhar de Deus, sempre presente em tudo.

Por esta verdade se pode mais facilmente entender a conhecida frase catequista: "Deus está no céu, na Terra e em toda parte".

É fácil pois, admitir que esse arquivo é o mais absoluto documento dos fatos da eternidade e, quem tem acesso a ele, possui irrefutável idoneidade, independentemente da religião que professa.

Quanto aos Evangelhos é sabido que, igualmente como ocorre com o Velho Testamento, comportam afirmativas que não podem ser aceitas sem maior análise, a não ser pela fé cega, o que o Espiritismo desaconselha, por ser uma doutrina racional e científica.

Também é sabido que essas afirmações têm origem nas interferências e interpolações feitas pelo clero interessado em adaptar os textos às suas próprias conveniências partidárias, visando hegemonia religiosa sobre o povo imaturo e iletrado.

Essa é a razão pela qual Kardec, no seu livro A Gênese, *capítulo IV, ítem n° 6, faz as ressalvas a que o consulente se refere.*

Mas, excluídos esses pontos refutáveis, esses dois livros sacros são de alto e evidente valor histórico-religioso; e, quanto ao Evangelho em si mesmo, é sabido que é a base moral inatacável do setor religioso da Doutrina dos Espíritos.

O que se pode pois recomendar é que os espíritas em geral não devem deixar-se desviar da linha reta e justa da conduta evangélica e do sentido altamente espiritualizante do Espiritismo, descartando para o terreno intelectual do aculturamento, questões e assuntos para os quais não existe documentação concreta, como esta e muitas outras.

Mantenham a confiança que deve prevalecer, como respeito aos ensinamentos oriundos de entidades de elevada hierarquia que ditaram a Doutrina e continuam a zelar pela sua expansão com rigorosa fidelidade às verdades eternas do espírito imortal.

17

Rio de Janeiro/GB/Agosto/1971

106 — O Espiritismo obriga seus freqüentadores a abandonarem a alimentação da carne?

R — *Não obriga, simplesmente, aconselha.*

Aliás, são inúmeros os Autores da maior autoridade que o fazem, encarnados e desencarnados, podendo citar Kardec, André Luiz, Humberto de Campos, etc.

Por outro lado, milhares de confrades bem inspirados concluíram, eles mesmos, pela conveniência de eliminar esse alimento e se beneficiaram com isso. Não o fizeram ex-abrupto, é natural, considerando que toda mudança drástica de alimentação habitual acarreta reações nem sempre desprezíveis.

Escusamo-nos em referir-nos às razões dessa conveniência por serem por demais conhecidas, limitando-nos a citar apenas uma, a saber: para nos libertarmos da animalidade inferior e passar a viver em um escalão vibratório mais elevado, devemos suprimir resolutamente tudo o quanto a isso se relacione; e a alimentação carnívora retarda esse desligamento.

107 — Haverá de verdade, proximamente, uma separação de gente boa e gente má na população do nosso planeta? Como se dará isso?

R — *Este ensinamento tem base na tradição espiritual do mundo, na parte em que diz que a vida dos astros e dos seres humanos têm períodos certos, muito longos, mas determinados, de duração.*

Dizem também religiões e filosofias milenárias, que a evolução humana se processa em períodos medidos; e, por último, que as encarnações humanas em mundos físicos, não são ilimitadas e dependem do aproveitamento moral que o aprendizado, pelas reencarnações, facilita.

O Espiritismo ratifica estes ensinamentos, como também o fez Jesus que, em seu Evangelho, formulou revelações bem claras a respeito, repetidas também por seus apóstolos e discípulos como, Pedro e João Evangelista.

Constam também de profecias anteriores e posteriores a Jesus como, também, de obras mediúnicas da atualidade, transmitidas por entidades desencarnadas, ligadas à administração sideral do nosso globo que se referem ao fim do atual período.

O selecionamento da humanidade, no seu devido tempo, ocorrerá de forma simples e lógica, pelos teores de luminosidade apresentados individualmente pelos seres humanos: passam para a direita os que tiverem luz e para a esquerda os que não tiverem... Esta é a forma simbólica adotada para explicar o assunto.

108 — Existe algum documento publicado a respeito da nossa população?

R — *Existem alguns segundo os quais a população da Terra compõe-se de parte encarnada e parte desencarnada. A primeira aproxima-se atualmente de 5 bilhões e a última, de mais ou menos 20 bilhões.*

Este número sofre variações constantes, e todos enfrentarão o selecionamento, na esperança de merecerem encarnações na nova Terra do futuro; e os não-aceitos serão descartados para orbes mais compatíveis segundo as afinidades espirituais.

Daí a necessidade da separação periódica que, todavia, muitos estranham e julgam fantasiosa, pelo convívio que tiveram durante milênios com religiões que encaram a vida post-mortem em sentido sobrenatural. Mas o Espiritismo, doutrina racional e científica, mostra o problema em sua natural e tradicional significação.

109 — Como vencer os inconvenientes do sexo? Será isso necessário?

R — *A dominação do sexo tem base nas energias animais que foram utilizadas para a constituição do organismo humano, em épocas muito remotas; e, também, no potencial íntimo de amor que a mônada desenvolve, por impulso natural e divino.*

Essas são as razões de serem ainda tão profundas na alma humana as raízes do sexo, no estágio atual da evolução.

Somente o avanço evolutivo, dando conhecimentos e forças espirituais ao homem encarnado, desprendendo-o, aos poucos, dos mundos físicos e, sobretudo, da carne, poderá levá-lo à sua libertação em relação aos instintos e impulsos inferiores que ainda o escravizam.

110 — Como a Escola do Evangelho faz a reforma moral dos alunos? Podemos conhecer os programas?

R — *A Escola de Aprendizes do Evangelho não realiza a reforma íntima dos alunos, pois isto é esforço que somente a eles cabe; mas auxilia-os e orienta-os nesse dignificante esforço.*

Quanto a programas remeteremos em breves dias o folheto que contém as informações desejadas.[4]

18

Belo Horizonte/MG/Agosto/1971

111 — Vendo a propaganda como é feita, desejo saber se o Espiritismo tem mesmo poderes para salvar seus crentes e quais são eles?

R — *O Espiritismo não "salva" ninguém que não possa ou não queira evoluir por si mesmo.*

As pessoas, em geral, se inscrevem ou aderem a religiões ou doutrinas filosóficas que melhor correspondam ao grau evolutivo em que se encontram (sentimentos, entendimento), exceção feita aos que permanecem acomodados ou se encostam a qualquer delas, sem se preocuparem com a busca das verdades espirituais, o mesmo como ocorre com os materialistas e ateus.

Mas o Espiritismo, esclarecendo sobre estas coisas, sem artifícios, interesses materiais, ou idéias de proselitismo, abre os olhos dos interessados, mostra as verdades milenárias, comumente obscurecidas pelos dogmas, ritos religiosos ou teorias filosóficas simplesmente intelectuais; tira-os da inércia e do fatalismo, aponta-lhes as transformações morais indispensáveis à libertação de inferioridades e enganos e impulsiona-os ao esforço ascensional.

Mas é bom saber também que, os que vêm e aceitam o

[4] A Aliança Espírita Evangélica mantêm o programa de Escola de Aprendizes do Evangelho em todos os seus Grupos Integrados. (Nota da Editora)

Espiritismo, são aqueles que intimamente já se afinaram ou, no mínimo, sentiram os reflexos das verdades que ele proclama, cabendo-lhe então orientar tais interessados, ampliar-lhes o campo do conhecimento, e auxiliá-los a viverem as verdades, para as quais já estavam mais ou menos predispostos no seu íntimo.

As religiões em geral não têm força ou poderes para influir na evolução dos seus adeptos, salvo quando possam despertar no seu íntimo as energias potenciais e canalizá-las para realizações concretas e objetivas que conquistam o interesse, a confiança e despertem o sentimento abstrato da fé.

O Evangelho de Jesus, na interpretação que o Espiritismo lhe dá, tem esse poder de influir poderosamente nas almas, não porque crie o que não exista, mas porque inicia o adepto em conhecimentos espirituais mais avançados, amplamente acessíveis; e porque amplia, exercita e faz viver as verdades já porventura vislumbradas, as tendências pré-existentes, e faz conhecê-las e desenvolvê-las no sentido do bem e do amor.

Mesmo que dessas verdades, de início, assimile pouco e fique somente na sua superfície, isso é passageiro, porque a mesma força íntima que o trouxe até esse ponto, o levará a estágios mais avançados desde que, bem entendido, haja sinceridade de propósitos e desejo verdadeiro de melhorar.

E certo é também que, nos casos de haver somente curiosidade na aproximação, ou segundas intenções não reveláveis, os candidatos muitas vezes permanecem e se beneficiam, porque acabam por deixarem-se prender nas armadilhas benevolentes dessas verdades redentoras.

19

Irajá/GB/Outubro/1971

112 — Realmente a esposa de Allan Kardec professava a religião católica-romana?

R — *Confirmando resposta publicada anteriormente, informamos que realmente Amèlie Gabrielle Boudet era de confissão católica-romana.*

113 — Qual o nome da igreja católica-romana, nas proximidades da rua Sant'Ana, que ainda existe, na qual Allan Kardec se casou?

R — *"Eglise Paroissale de Saint Roch"; começa na rua Saint Honoré e termina na av. da Ópera, situada um pouco à esquerda da referida rua Sant'Ana.*

Nota: Essa igreja já estava em ruínas, em 1921, tendo sido saqueada e bombardeada, em 1870, na guerra franco-prussiana.
Parte de seu arquivo e a relíquia do santo do mesmo nome, haviam sido transferidos para o Convento dos Capuchinhos, na rua Saint Honoré citada.

114 — Somente aos espíritas investigadores e historiadores cabe o direito de estudar, pesquisar, ou conhecer a bibliografia completa do missionário Kardec?

R — *Não há privilégio algum nesse sentido e o campo da pesquisa está sempre aberto à disposição de todos que desejem e possam fazê-la; basta dispor-se ao esforço e levá-lo a cabo.*

No caso especial de Kardec as dificuldades têm sido, segundo pensamos, provenientes:

1) ter Kardec residido no estrangeiro em época de carência de comunicações;

2) não ter havido, por parte de contemporâneos, publicações contendo maiores detalhes pessoais e

3) não terem sido tais detalhes considerados de obrigatório interesse, pelo próprio caráter não personalista da Doutrina.

20
Rio de Janeiro/GB/Dezembro/1971

115 — O que é o livro *O Zohar* e qual o conceito que se faz dele?

R — *O Zohar é o código de princípios da tradição mosaica, existente à época da morte de Moisés. Sua ulterior interpretação oficial judaica nega a comunicação dos mortos, alegando que lhes é vedado baixar à Terra como desencarnados. É uma crença à qual o Espiritismo contrapõe fatos e, como se sabe, teorias não alteram fatos.*

116 — O que é o livro *Talmude* e qual o conceito que se faz dele?

R — O Talmude *contém a doutrina e a filosofia dos judeus e é o livro-base da religião desse heróico povo. O Espiritismo respeita e nada tem a dizer sobre as crenças dos diferentes povos que compõe a nossa humanidade porque cada povo, como cada indivíduo, crê no que pode, segundo a evolução que tem.*

117 — É certo que a Doutrina Espírita considera o Esoterismo superado, por ter terminado sua missão?

R — *Sim, dum certo ponto de vista: Considerando que o Espiritismo é doutrina avançada, outorgada pelo Plano Espiritual Superior para a orientação humana de nossa época, doutrina revelada e não-intelectual, sem dogmas, mistérios ou milagres; que veio como remate de conhecimentos neste final de ciclo evolutivo, pode-se pensar dessa forma, porém em entendimento aberto e não restrito, de ortodoxia exagerada ou intransigente, de parte a parte.*

118 — Como se pode obter a chave da teogonia espírita?

R — *Considerando que a verdade é uma só e se derrama nas religiões e filosofias e até mesmo na ciência materialista visando,* *essencialmente, o aperfeiçoamento moral dos homens, para apressamento de sua evolução, que se resume no amor e na sabedoria, que são expressões universais da Divindade Criadora.*

119 — Há realmente semelhança entre as verdades do Cristianismo e Bramanismo?

R — *Ver item anterior.*

120 — O que é Masdeísmo?

R — *Masdeísmo é o Código religioso, formado por vários livros, da religião persa, cujo fundador foi Zoroastro.*

121 — A influência da Lua é inteiramente psicofísica? Está morta e desprende emanações nocivas? Quem dorme sob seus raios perde vitalidade?

R — *A influência é realmente psicofísica. O ambiente é impróprio para a vida dos seres humanos terrestres. Quanto à letalidade, isso é duvidoso. Como porém o astro está sendo estudado agora mais de perto, convém aguardar melhores esclarecimentos.*[5]

122 — São o temor e o ódio dois aspectos de uma mesma coisa?

R — *São coisas diferentes. Pode-se temer algo, ou alguém, sem ao mesmo tempo odiá-lo: por exemplo, o afastamento de um familiar, não muito afim, sem entrar nisso qualquer sentimento de ódio; e pode-se também odiar sem sofrer temor algum. Considerado em si mesmo o sentimento de temor é restritivo, constringente e o ódio é agressivo, extravasante.*

[5] Quando esta resposta foi dada, o homem ainda não havia alunizado no satélite.

123 — Têm as crianças uma aura branca, quase pura, com as falhas latentes e em potencial até os sete anos?

R — *Até os sete anos, em geral, as crianças ainda estão em fase de adaptação e despertamento para o meio ambiente; sua aura está ainda em formação; porém, a partir daí, vai adquirindo as condições próprias do estado evolutivo do encarnante e distendendo-se nas exterioridades e influências do meio e do convívio com os semelhantes.*

124 — É a alma humana uma mônada e cada célula do corpo tem a sua mônada?

R — *O Espírito encarnado, de início é uma mônada, que se reveste de envoltórios protetores, formando o corpo etéreo e completando sua organização à medida que evolui. As células que formam os envoltórios são agregados de elementos tirados do meio ambiente, que se mantêm coesos e funcionam de forma catalítica, isto é, pela presença do espírito encarnado. No ato da desencarnação deste se dispersam também no meio ambiente donde provieram.*

125 — Tudo que existe sobre a Terra é uma sombra de algo que existe nas esferas superiores?

R — *Em termos, sim, quanto às formas, pois que de tudo o quanto existe, as matrizes se plasmam no Plano Espiritual.*

126 — O mediunismo ficou estacionado?

R — *Negativo. Nunca foi mais ativa e generalizada como agora a atividade mediúnica, exatamente, aliás, como foi predito pelo Divino Mestre.*

127 — Todos os animais de sangue vermelho procedem do homem? E os de sangue frio procedem da matéria do passado?

R — *Negativo. Cada ser vivo tem sua constituição própria e* *adequada ao estado evolutivo; em sua trajetória os seres evoluem em espécies de progressivo aperfeiçoamento, em cujo topo se coloca o ser humano. Logo, quanto à forma, todos procedem de seres anteriores. O perispírito humano, no princípio, foi formado com o auxílio dos elementos magnéticos densos, fornecidos pelos animais da época; logo ele, quanto à forma, é que, em parte, procede dos animais e não ao contrário.*

128 — O Espiritismo é uma forma de magia?

R — *Depende do modo de ver as coisas: nos fenômenos de efeitos físicos, pode-se admitir que se julgue assim e com razão e o mesmo acontece em relação, por exemplo, às preces, de atendimentos imediatos que são raros; e ainda quando ocorrem curas instantâneas.*

Mas a Doutrina Espírita não utiliza tais práticas e nenhuma outra, nesse sentido de magia, pois visa outras finalidades, muito mais elevadas, como sejam: redenção humana, a libertação dos homens em relação aos mundos materiais, pela conquista de conhecimentos e pelas transformações morais exigidas pelo Evangelho.

Nota: Somente em consideração ao desejo de conhecimento demonstrado pelas Mocidades Espíritas que formularam as perguntas é que penetramos um tanto em seara alheia, emitindo opiniões sobre doutrinas diferentes.

21

Rio de Janeiro/GB/Dezembro/1971

129 — Segundo a Doutrina Espírita a salvação do homem é feita pela fé, pelas obras, ou por ambas?

R — *Se a fé é indispensável a quem professa qualquer religião,* *ou persevera em qualquer empreendimento é, entretanto, pelas obras, que se pode medir o valor, o esforço e o mérito. Se "a fé sem obras é morta", as obras sem fé são imperfeitas; ambas, pois, são necessárias e se completam.*

130 — As vibrações de trabalhos práticos de Centros Espíritas e Centros de Umbanda são semelhantes? Por quê?

R — *As casas de Umbanda têm designação diferente de "Centros": São chamadas "Tendas". Quanto às vibrações, em qualquer culto, rito ou ato espiritual, terão o valor que lhes for assegurado pela finalidade do trabalho, intensidade e elevação moral do ato. Assim no Espiritismo, como na Umbanda, ou qualquer outra agremiação.*

131 — É lícito a membro de diretoria de Centro Espírita tomar parte ativa ou freqüentar trabalho de Umbanda?

R — *Não é aconselhável nem lógico freqüentar ao mesmo tempo, ou professar ao mesmo tempo, trabalhos doutrinários diferentes. O certo é optar e permanecer naquele que melhores resultados ofereça para a evolução do interessado; o que melhor se defina e se aproxime das suas aspirações, tendências ou objetivos pessoais no momento.*

132 — É verídico que a redenção do homem só se consumará quando Jesus Cristo voltar?

R — *Não é de se aguardar a volta de Jesus pessoalmente, conquanto, também, não se possa negar tal possibilidade; este é assunto de alçada do Plano Espiritual Superior. A outorga do Evangelho, salvo algumas interferências, vale como sua presença, quando é entendido e testemunhado convenientemente no seu alto sentido moral. Isso deve bastar para orientar e movimentar os homens pelos caminhos da redenção: se já existe a lei, basta cumpri-la.*

133 — No momento em que o homem decide seguir a Deus estará salvo?

R — *Crer em Deus não basta. A evolução exige luta pelo aperfeiçoamento moral; as conquistas espirituais não se recebem de graça e custam muito caro em tempo, dedicação, esforço e renúncia.*

134 — Há alguma semelhança entre a vida de Apolônio de Tiana e a de Jesus Cristo?

R — *Semelhança, não, diferença, sim: a que existe entre um ser humano de determinada condição e uma entidade espiritual, extra-humana, de altíssima condição.*

135 — É verdade que os hinos registrados no *Rig Veda*, falam em reencarnação, carma e evolução?

R — Os Vedas *(conjunto de livros) contêm as tradições religiosas recebidas de raças anteriores. Foram interpretados de início por Rama e Krisna. Reencarnação, carma e evolução são conhecimentos básicos dessas tradições, que se transferiram depois para o Bramanismo, onde foram codificadas por Manu. O* Rig Veda *tratava dos ritos e práticas religiosas e hinos em homenagens aos deuses e semideuses (espíritos) dessa religião politeísta.*

136 — Segundo a Doutrina, os horóscopos e os signos do Zodíaco têm alguma realidade e influência na vida e destino do homem? Por quê?

R — *As influências de astros entre si, naturalmente que existem; veja-se o que ocorre com o Sol, por exemplo. O Zodíaco (divisão do Céu em 12 partes) foi estabelecido por Rama, na Índia no início do período evolutivo da Quinta Raça, à qual pertencemos, como ponto de partida, para ensino de conhecimentos astronômicos e astrológicos. Horóscopos são previsões referentes a pessoas ou* *acontecimentos. Possuem valor precário, a não ser quando os que os executam possuem mediunidade (vidência, premonição, etc.) e contam com o auxílio de espíritos desencarnados, caso em que tais previsões adquirem determinado valor, igualmente como sucede com as demais artes chamadas divinatórias (quiromancia, necromancia, cartomancia, etc.).*

Mas, quanto ao destino das pessoas, as leis que o regem não dependem dessas artes; se é coisa passada, regula-se pelo carma; se é futura, regula-se pelo livre-arbítrio individual.

137 — Deve a mediunidade e a comunicação de espíritos ficar subordinada à inspiração ou à intuição?

R — *Mediunidade e comunicação de espíritos desencarnados regem-se por leis e regras próprias; inspiração é uma das mais correntes faculdades mediúnicas, também conhecida como "telepatia" na nomenclatura de Richet; intuição é, dentre todas, a faculdade mais elevada e perfeita, própria de espíritos de adiantada evolução. As comunicações de espíritos fazem-se por vários processos, utilizando várias mediunidades.*

138 — Quais são as raízes do Espiritismo?

R — *O Espiritismo, nos seus aspectos conhecidos, de filosofia, ciência e religião, tem suas raízes no mais remoto passado e nas mais diversas e variadas religiões e filosofias, onde fatos classificáveis nesses três aspectos se manifestavam; e quanto mais para trás mais evidentes e espontâneos mostram-se esses fatos, por estarem os homens mais integrados na Natureza, por primitivismo e mais necessitarem da presença dos espíritos protetores.*

Em tempos menos remotos as raízes mais evidentes são encontradas: 1) na história dos israelitas, desde Moisés; 2) no Cristianismo primitivo do primeiro século; e 3) nas revelações espirituais que serviram a Kardec para a codificação da Doutrina Espírita.

139 — Que é Goécia?

R — *É, em outras palavras, Magia Negra, a antítese da Magia Branca, esta agindo para o bem e a outra para o mal, em todos os sentidos.*

140 — Qual a diferença entre Crestos e Cristos?

R — *Espiritualmente nenhuma.*

141 — Qual o certo: Espiritismo cristão ou Cristão espírita?

R — *Quanto à Doutrina, dizer Espiritismo cristão é acertado, porque seu setor religioso tem base no Cristianismo Primitivo, do qual é, aliás, uma revivência atual. Dizer "Cristão espírita", também é acertado, porque há cristãos de outras filiações religiosas.*

142 — É verídico que, muito tempo antes da Era Cristã já havia cristãos? E pode-se dizer que os Essênios eram Cristãos?

R — *Historicamente não. E, quanto aos Essênios, não eram cristãos, conquanto, em seus costumes e obras, muito se aproximassem do Cristianismo Primitivo; cultuavam a tradição mosaica em sua mais pura vivência.*

143 — Elohim são hostes do exército de potestades criadoras?

R — *Sim, em termos. Elohim é termo que significa "deuses", espíritos que movimentam forças naturais, por intermédio dos quais a Criação se objetiva.*

144 — Jeová é um Elohim?

R — *Jeová é o espírito de superior condição sob cuja orientação e proteção foi colocado o povo hebreu primitivo; assim como Ismael é aquele que orienta e protege a vida espiritual do povo brasileiro.*

145 — A *Bíblia* se baseia, essencialmente, em antigos documentos que sofreram interpolações e acréscimos?

R — *Todos os códigos religiosos sofrem alterações, maiores ou menores, com o passar do tempo, por conveniências humanas. O* Novo Testamento *é um exemplo disso, que mais de perto nos toca como espíritas.*

146 — Um espírita pode assistir a televisão, em sua casa e, ao mesmo tempo, estar presente em pensamento no seu Centro Espírita?

R — *Concentrando-se e projetando-se em pensamento pode, mas sem proveito aqui ou lá, salvo se em desdobramento ou com um fim determinado.*

147 — O México e o Peru são mais antigos que a célebre Atlântida?

R — *Assunto pouco conhecido e aberto. A* Iniciação Espírita *formulada em 1950 optou por conhecimentos científicos e tradições espirituais aceitáveis (Ver os capítulos iniciais da* Iniciação Espírita, *Editora Aliança). Nada se pode dizer sobre a antiguidade do mundo terrestre anterior aos dados ali fornecidos.*

148 — As letras do alfabeto sânscrito são músicas colocadas em forma de gráficos?

R — *Todos os sinais e símbolos das línguas antigas se originaram dos sons guturais e ásperos que formaram a pronúncia semi-animalizada dos homens primitivos.*

149 — Um homem que vive com mulher desquitada, ou vice-versa, pode fazer parte de diretoria de Centro Espírita?

R — *Nada impede que isso se dê, desde que se trate de pessoa de bom procedimento, idônea e honesta.*

150 — Cite alguma filosofia que mais se aproxime do Espiritismo, como doutrina.

R — *Budismo, entre outras.*

22

Rio de Janeiro/GB/Abril/1972

151 — No terceiro volume da *Doutrina Secreta*, H.P. Blavatski diz: "Se as formas materializadas que às vezes vemos emanar dos corpos de certos médiuns, pudessem fixar-se, tornando-se sólidas, em lugar de se desvanecerem, a criação da Primeira Raça seria perfeitamente compreensível". É possível esta afirmação?

R — *Como essa Primeira Raça não possuía corpos materializados, a pergunta fica sendo mera suposição. Quando chegou a hora dos seres humanos, em estado perispiritual, mas já convenientemente preparados, nascerem na Terra em corpos densos, assim sucedeu, em vários lugares, formando agrupamentos semi-animalizados e seus corpos foram constituídos com elementos magnético-fluídicos retirados dos animais então existentes.*

152 — No capítulo "Síntese" de *Iniciação Espírita* lê-se o seguinte: "Tomada por este vórtice a pequena chama, a mônada luminosa..." Pergunta-se: à luz da Doutrina Espírita o que são "vórtices" e "Mônada"?

R — *Vórtice é a onda criativa que impulsiona as mônadas para os limites inferiores e vibratórios do esquema involutivo, (no caso em questão, a superfície do planeta), cuja movimentação se torna cada vez mais evidente e irresistível à medida que elas vão se revestindo de envoltórios fluídicos oriundos das esferas vibratórias que atravessam. Mônada é o ser original (pensamento divino exteriorizado), quando apanhado pelo movimento descensional, antes que atinja o referido limite, na superfície densa do globo.*

153 — Segundo a Doutrina Espírita, qual a melhor maneira de limitar filhos sem contrariar a Lei Divina?

R — *Compreensão justa da função sexual; contenção dos impulsos animalizados; moderação.*

154 — É certo que antes mesmo de Allan Kardec publicar seus conceitos, na comarca da Mata de São João, Bahia, 1845, grupos de pessoas realizavam sessões espíritas?

R — *Nada a estranhar, pois que, a partir de 1840, com a chegada ao Brasil dos homeopatas Mure e Martins, ambos médiuns e praticantes da comunhão com os espíritos, já havia trabalhos espirituais no Rio, fundando-se, mais tarde, o jornal* Eco de Além-Túmulo, *na Bahia.*

155 — Foram mesmo os primeiros escravos africanos, na Bahia, que trouxeram o Espiritismo para o Brasil?

R — *O Espiritismo não; cultos africanos e práticas de mediunismos, sim.*

156 — Os espíritos que se comunicavam com os escravos africanos, antes mesmo de 1845, no Brasil, realizavam missões no Plano Espiritual?

R — *É evidente que a escravidão dos africanos mereceu as cogitações e os cuidados assistenciais no Plano Espiritual que, como também é natural, aproveitou dos africanos ainda submergidos em selvagem condição social, as qualidades conhecidas de humildade, resistência e bons sentimentos, para a formação etnográfica do nosso povo.*

157 — Em que parte da África se encontra a nação ioruba? Ainda conservam hoje as crenças herdadas de seus antepassados?

R — *Os negros ioruba são oriundos da Nigéria, região situada* *ao sul e quando foram trazidos fixaram-se na Bahia, conservaram suas crenças e cultos que, como é natural, foram se adaptando ao novo ambiente e podem ser considerados como parte das sementes da futura seita de Umbanda, tão difundida hoje em nosso país. Nada há a duvidar que, em sua pátria primitiva, esses cultos permaneçam e até mesmo se tenham expandido.*

158 — A respeitável, inteligente e digna professora Amèlie Boudet, esposa de Allan Kardec, escreveu ou deixou algum trabalho ou obra publicada?

R — *Sim. Amèlie Boudet publicou* Contos Primaveris, Noções de Desenho *e* O Essencial em Belas Artes, *respectivamente nos anos de 1825, 1826 e 1828.*

159 — Existe alguma comunicação do Espírito da esposa de Allan Kardec registrada em obras espíritas?

R — *Sim, na* Revue Spirite, *sobre assunto de interesse familiar.*

160 — Foi no mês de setembro de 1833 que Allan Kardec se casou na Eglise Paroissale, de Saint Roch?

R — *O casamento deu-se a 6 de fevereiro de 1832.*

161 — Allan Kardec foi diretor do teatro de Follie Marigny?

R — *Era encarregado da contabilidade da empresa distribuidora de obras teatrais.*

162 — A Doutrina Espírita proíbe que espírita visite a igreja onde Kardec casou?

R — *Nada há a proibir.*

163 — O que recomenda a Doutrina Espírita a seus seguidores para o dia de finados?

R — *Respeito, preces e discretas manifestações de saudade e afeto pessoal em relação aos desencarnados.*

164 — Allan Kardec era maçom e se utilizou de conhecimentos maçônicos para a edificação espírita?

R — *Não consta que Kardec fosse maçom, porém seu progenitor o foi, em uma loja de Lion. A edificação da doutrina tem duas raízes mestras: a revelação, recebida mediunicamente de entidades espirituais superiores e conhecimentos espirituais possuídos pelo Codificador, sobretudo advindas de suas vidas passadas.*

165 — A palavra "tolerância" é de origem maçônica ou espírita?

R — *"Tolerância" é termo de raiz latina que, em sentido religioso, significa condescendência, permissão para que cada um pratique o culto que preferir.*

166 — Allan Kardec chegou a escrever alguma obra sobre maçonaria?

R — *Não conhecemos e nada nos consta.*

167 — A Doutrina Espírita tem ou não tem dogmas?

R — *Dogma é ponto fundamental, inarredável, de doutrina filosófica ou religiosa. O Espiritismo é doutrina evolutiva e racional, que divulga conhecimentos espirituais de âmbito universal, comuns a qualquer filosofia ou religião, sem exclusivismo e sentido sectarista. Logo não é, nem deve ser dogmático.*

168 — A Codificação Espírita vai ser reformulada?

R — *A Codificação é estrutural, não há nela o que reformular, mas completar, distender, conhecer melhor e atualizar detalhamentos complementares.*

169 — O conhecimento das leis que presidem aos destinos do homem e a perfeita assimilação da Doutrina Espírita só se consegue realmente através do estudo das obras de Allan Kardec e das que lhe são subsidiárias? Por quê?

R — *Em relação à primeira parte da pergunta a resposta é negativa: essas leis são de todos os tempos, sem fronteiras ideológicas ou sectárias; aos homens encarnados o Plano Espiritual Superior promove revelação de conhecimentos gradativos à medida que possam ser compreendidos e assimilados. A segunda resposta é positiva: as obras da Codificação e as complementares, contemporâneas e atuais, são os meios mais legítimos e adequados ao conhecimento e à prática da Doutrina dos Espíritos.*

170 — Realmente só existe um Cristo de Deus?

R — *A Criação Divina é sem limites. Cristos são espíritos de altíssima hierarquia, que a Divindade Suprema coloca à testa da organização e direção dos orbes e respectivas humanidades, por cuja evolução respondem. Portanto há muitos cristos...*

171 — Os fenômenos psíquicos, tão velhos quanto o mundo, só realmente atraíram a atenção dos intelectuais, quando surgiram os ocorridos em Hydesville, em 1848, ou foram estudados e praticados antes de Jesus Cristo? Os antiquíssimos papiros egípcios registram estudos desses fenômenos?

R — *Desdobremos a pergunta em duas partes: 1) os fenômenos de Hydesville evidentemente não foram os primeiros desse tipo que eclodiram no mundo, pois que, realmente, sempre existiram, mas seu conhecimento era restrito a certas classes. Hydesville, pela sua contemporaneidade foi, a nosso ver, o detonador público da Codificação; 2) nos templos iniciáticos da Índia, Pérsia, Egito e Grécia, há documentação, até histórica, a respeito deles. Não basta Moisés?*

172 — Na antiguidade esses fenômenos eram estudados e a mediunidade era praticada?

R — *Sim, mas sem popularização; isso coube ao Espiritismo, que promoveu a codificação dos fenômenos, trouxe-os à luz do dia e eliminou os mistérios e os milagres.*

173 — Allan Kardec restaurou a Doutrina Espírita na Europa ou codificou-a?

R — *Não havia o que restaurar mas sim codificar; codificar é estruturar, regulamentar, organizar, dando-lhe forma e raízes próprias.*

174 — As palavras "Espírito" e "Espírita" foram criação de Kardec? São privativas do Espiritismo?

R — *O termo "Espírito" é antigo, sempre confundindo-se com "alma"; mas quanto ao termo "Espírita" e "Espiritismo" foram propostos por Kardec e aceitos e referendados em congresso doutrinário realizado na Europa, à sua época.*

175 — É verdade que antes do Mestre Jesus já havia Doutrina Espírita?

R — *Em toda a antiguidade existiram fenômenos de caráter espírita, provocados por espíritos desencarnados; mas a doutrina que os codificou e oficializou foi o Espiritismo, no século passado.*

176 — O espírita deve seguir a Codificação espírita, ou somente a orientação de determinada casa espírita de caráter nacional?

R — *Se a Codificação é estrutura fundamental, deve ser respeitada e seguida com as complementações e atualizações que forem estudadas e aceitas pelos dirigentes responsáveis. Este é o melhor meio de se manter a unidade doutrinária e assegurar-lhe o respeito oficial e público em todo o país.*

23

Recife/PE/Setembro/1972

177 — O que realmente se pode admitir como sendo verdadeiro a respeito do assunto "Almas Gêmeas"? Como interpretar *O Livro dos Espíritos* a respeito disso?

R — *Almas Gêmeas propriamente ditas, como metades separadas de um mesmo ser humano, não existem. O termo se refere, certamente, às afinidades mais ou menos estreitas que se formam desde o início da evolução, nos reinos da Natureza (ou, mesmo, após isso), perduram através de vidas sucessivas e se aprofundam e sublimam com as dificuldades, sofrimentos e outras circunstâncias passadas em comum.*

O Livro dos Espíritos, *de Kardec, deixa bem claro este assunto quando dita a seguinte regra de caráter geral: "Não há predestinação fatal de união entre dois espíritos determinados:* ***os espíritos, quanto mais perfeitos, mais unidos****".*

Isto é bem claro e concludente.

Isso também quer dizer que ao final da evolução, nas esferas superiores, os espíritos de um mesmo grau de pureza e elevação, se aconchegam e se entrelaçam na mais perfeita unidade.

24

Belo Horizonte/MG/Setembro/1972

178 — Tenho necessidade de enviar umas perguntas a essa coluna informativa mas não posso usar meu nome; espero que o irmão compreenda e desculpe. Posso mandar só as iniciais?

R — *O objetivo desta coluna é esclarecer dentro do possível, sem restrições de qualquer natureza. Não vemos, portanto, inconveniente algum em aceitar pedidos subscritos por iniciais,* *somente quando isso for necessário, sendo-nos indiferente a identidade dos consulentes.*

179 — Necessito saber com certeza se posso ou não posso freqüentar tendas ou terreiros de Umbanda, porque no bairro em que moro não há centros espíritas e não posso me afastar de casa. Em caso negativo, por quê?

R — *É claro que pode, bastando que o queira, mas se deseja orientar-se espiritualmente de forma mais perfeita (no sentido de conhecimentos e realizações), deve estudar a "Doutrina dos Espíritos".*

Por quê? Porque o problema espiritual não é ser o adepto atendido em suas necessidades materiais somente, em pertencer a seitas ou religiões onde fenômenos mediúnicos ocorrem sem produzir reflexos benfeitores no campo interno. O importante e definitivo é o adepto evangelizar-se, espiritualizar-se, para aproveitar bem o tempo da atual reencarnação; só assim poderá progredir e gozar, no Plano Espiritual, após o desenlace, situação mais elevada, digna e fértil de novas aberturas de adiantamento espiritual.

25

Niterói/RJ/Setembro/1972

180 — Não consigo separar amor de sexo; minha inteligência se confunde e todo mundo fala coisas diferentes. Posso pedir ao irmão, responsável por essa coluna, uma explicação?

R — *O homem espiritualizado não confunde amor e sexo. O que comumente se chama de amor, ressalvado o amor dos pais, é na quase totalidade dos casos, desejo, paixão material, impulso natural humano com base no sexo, ou na melhor das hipóteses, uma mistura de sensações indefiníveis e inconsistentes.*

A ânsia carnal não pode ser classificada de amor, no seu sentido elevado, porque não é verdadeiramente sentimento, substrato espiritual do ser que, no ato da criação, passou ao estado potencial. Esse amor comum, tem base animal na constituição psicofísica ancestral e dele o ser humano ainda não se libertou, fora dele ainda não evolui, e por isso é transitório, mutável, fenece com a carne, muitas vezes mesmo antes disso.

O amor verdadeiro, ao contrário, é sentimento elevado, puro, que não se alimenta de sensações físicas, insuscetível de mutações, tédio e arrefecimento mas, muito ao contrário, cresce sempre.

Pertence aos seres mais evoluídos, que já atingiram mundos em que as sensações físicas não mais existem.

O amor material é amor de um dia, fogo que queima e se reduz a cinzas, ao passar do vento, enquanto que o verdadeiro, o amor espiritual, é sentimento que refrigera a alma, estimula e levanta-a sempre para mais alto, satura de divino enlevo e alegria, refloresce em novas esperanças a cada aproximação, nos caminhos do infinito.

Se um é egoísmo, limitação de liberdade, orgulho de posse, o outro se dá com inteiro desprendimento, na mais perfeita reciprocidade.

É sentimento profundo que desafia o tempo, se engrandece com a vida e se perpetua na eternidade. Só se pode chegar a ele pelos caminhos da espiritualização e o Evangelho de Jesus é a marca de sua divina grandeza.

26

Brasília/DF/Setembro/1972

181 — Peço esclarecer o seguinte ponto: Judas Iscariotes tinha como missão trair Jesus, ou foi por acaso que isso aconteceu?

R — *Acaso propriamente dito não existe: há sempre efeitos de causas anteriores.*

Os que tinham tarefas junto ao Divino Mestre, em sua última missão na Terra, como auxiliares e cooperadores, foram aqueles que ele chamou de uma ou de outra forma, e não consta que Judas estivesse nesse número; ele foi aceito quando se aproximou, seguindo a Jesus.

A traição se deu por alguns motivos conhecidos, dentre os quais citamos a seguir: entre os discípulos, Judas era o que tinha maior cultura (freqüentara escola rabínica em Jerusalém), contaminada entretanto de nacionalismo extremado, visando a expulsão dos romanos invasores.

Percebeu que Jesus, com os poderes psíquicos que manifestara, certamente seria o Messias aguardado pela Nação, uma de cujas tarefas, pelas profecias, era assumir o governo nacional. Com a convivência que tanto tempo desfrutou, passou também a amá-lo pessoalmente.

Quando Jesus declarou, decisivamente, que não aceitava investidura alguma material e visava unicamente a redenção espiritual da humanidade Judas desiludiu-se e sabendo que se tramava no Sinédrio sua prisão e morte, aceitou cooperar na sua captura, não visando a morte, mas sim sua prisão pelos sacerdotes. Quando retirou-se no cenáculo, onde se deu a última ceia, revelou o local onde ele se encontraria aquela noite, mas quando viu que ele fora entregue aos romanos para ser morto, arrependeu-se sincera, mas tardiamente. Judas, evidentemente, não tinha a missão de trair Jesus, nem poderia haver tal fatalismo prévio. Se Jesus, por exemplo, fosse bem acolhido pelo clero, certamente que não teria sido sacrificado. Mas se tal sacrifício devesse ser feito, isso aconteceria por esse ou por outro meio, segundo o que houvesse sido deliberado previamente pelo Plano Espiritual Superior.

O que favoreceu o encaminhamento dos acontecimentos nesse sentido doloroso que houve, foram duma parte, as conveniências político-religiosas do clero judaico e, doutra, as ambições pessoais de Judas que, dessa forma se fez polarizador das forças das trevas.

27

Rio de Janeiro/GB/Setembro/1972

182 — Estudo como posso por minha própria conta e não me deram respostas sobre dúvidas que tenho nos centros que tenho freqüentado. Peço esclarecer sobre os seguintes pontos:

Como existem muitas religiões e seitas, não se pode saber qual delas é a verdadeira e merece ser seguida com confiança. Pode dar orientação a respeito?

R — *Nenhuma religião, filosofia ou crença ensina verdades definitivas. Nem mesmo espíritos de maior condição que a nossa se julgam conhecedores de verdades definitivas. É que elas surgem à medida que podemos ir compreendendo-as e vivendo-as. Em um mundo tão atrasado como o nosso, o que se conhece é muito pouco e o que nos deve preocupar é nos tornarmos cada dia mais dignos de recebê-las. A melhor é a que mais espiritualiza.*

183 — O que o irmão considera uma religião perfeita, a que pode realmente oferecer uma salvação aos seus crentes?

R — *Para seres humanos que fazem aprendizados e sofrem provações em mundos inferiores do tipo do nosso, religião mais perfeita é aquela que mais objetiva e eficientemente esclarece sobre a vida espiritual ao nosso alcance e nos leva mais depressa às realizações do campo interno, sem as quais não há adiantamento espiritual possível a não ser em avanços compulsórios, pela dor, em tempo indefinido.*

Quanto à salvação, esta, propriamente, não existe; os homens esperam das religiões aquilo que lhes compete conquistar por si mesmos, realizar dentro de si mesmos. Aceitando o termo, podemos dizer que cada um se salva a si mesmo, não porque creia em alguma religião, mas porque lutou contra si mesmo, purificou-se e assim evoluiu.

184 — Podemos aceitar o que muitas pessoas dizem, que o Espiritismo é uma religião verdadeira?

R — *Em termos e nos limites compatíveis com o atraso desta humanidade. Maiores desdobramentos que ela, a Doutrina dos Espíritos, possa oferecer, somente o fará mais tarde, conservando ou mudando o nome após o encerramento deste ciclo evolutivo, com o adiantamento espiritual deste agrupamento humano do qual fazemos parte.*

28

Curitiba/PR/Setembro/1972

185 — Perguntamos se existe data marcada para as pessoas desencarnarem e como se pode saber?

R — *Data certa não, período determinado, sim.*

Quando o espírito reencarna é organizado, no Plano Espiritual, um esquema a ser obedecido, um programa a ser cumprido, com indicação dos acontecimentos principais, inclusive tempo provável para desencarne, levados em conta, principalmente, as conveniências evolutivas e os resgates cármicos.

Dentro do período previsto, qualquer coisa serve para dar-se o desencarne.

Tudo é previsto e organizado para que esse programa seja cumprido; e as próprias células orgânicas são também condicionadas para isso o que aliás, vem sendo confirmado até mesmo pela ciência materialista em suas pesquisas sobre biologia, declarando que não é possível o prolongamento da vida humana além dos limites estabelecidos para a vida das células, inclusive as que formam o encéfalo que, para a ciência, é o órgão vital da vida organo-psíquica.

Quanto à possibilidade do conhecimento de desencarne, isso é vedado e não se revela nem mesmo pelos espíritos controladores das reencarnações, salvo casos excepcionais em que o Plano Espiritual fornece a indicação, após consulta à ficha individual do interessado e ao esquema encarnativo em curso.

Há casos bem raros em que essa informação é dada, mas a regra geral e absoluta é o silêncio.

29

Rio de Janeiro/GB/Setembro/1972

186 — Desejo saber se houve alguma coisa de sobrenatural no modo de Jesus apartar os seus apóstolos. Terá sido acaso?

R — *Em acontecimento sério como esse, em hipótese alguma pode ser admitido o acaso. Jesus escolheu seus apóstolos em circunstâncias diferentes uma das outras. Alguns vieram espontaneamente: João, Simão (Pedro) e André, os dois primeiros discípulos do precursor e o último, já conhecido de encontros anteriores; outros foram chamados diretamente: Felipe e Levi (Mateus); Natanael foi trazido por Felipe e aceito; Tiago e Judas, seus irmãos, também resolveram acompanhá-lo, sem convite especial, mas por impulso íntimo; Tiago o menor, Simão o Zelote e Tomé, foram também trazidos e Judas de Kerioth solicitou ingresso e foi também aceito.*

187 — É verdade que foram incluídos como apóstolos porque encarnaram para isso? Tinham essa missão?

R — *A maioria, sim. Acontecimento tão transcendente como a vinda do Cristo Planetário não poderia se dar sem o devido preparo. Antes da reencarnação alguns pediram para vir e outros foram designados, como é o caso, por exemplo, de João.*

Mas, todos, naturalmente, foram julgados dignos e aptos ao desempenho de tão elevada tarefa e dos testemunhos a dar futuramente, após a retirada de Cristo, salvo o caso de Judas de Kerioth, que foi aceito, mas não escolhido.

Por isso foram eles chamados logo no início da tarefa pública, após o batismo simbólico do Jordão, sendo os únicos, entre centenas de discípulos que permaneceram fiéis e desencarnaram nas tarefas, inclusive João, destinado a permanecer mais tempo (devido às excepcionais faculdades psíquicas que possuía), para poder escrever seu Evangelho iniciático e o monumento profético que é o Apocalipse, no seu exílio da ilha de Pátmos, onde desencarnou com 93 anos de idade.

30

Salvador/BA/Setembro/1972

188 — Espero poder ser atendido para saber como nossa Doutrina Espírita considera o lema Liberdade, Igualdade e Fraternidade, da Revolução Francesa de 1792?

R — *Esse lema igualitário, na realidade, foi proclamado no ato da tomada da Bastilha, em Paris, em agosto de 1789, conquanto o período revolucionário tenha-se prolongado até 1799.*

Face à Doutrina dos Espíritos esse lema tem efeitos muito condicionados. A liberdade, por exemplo, tem sólida base no livre-arbítrio esclarecido; portanto existe à medida que o espírito vai evoluindo, desvencilhando-se das amarras do carma, resgatando suas dívidas do pretérito e adquirindo capacidade de agir no sentido do Bem.

Igualdade somente existe na origem e no final da evolução, porque na criação, somos todos igualados em atributos potenciais e, no final, porque ingressamos na unidade em Deus.

A regra geral é a desigualdade, cada um fazendo seu próprio caminho e ocupando a posição que lhe compete pelos próprios méritos. Mesmo em se tratando de espíritos de maior evolução, ainda a desigualdade distingue uns dos outros, na hierarquia espiritual.

O que prevalece é a diversidade na unidade, que se manifesta desde o verme até os seres mais elevados da escala evolutiva. Fraternidade, finalmente, só existe quando os espíritos, sobrepondo-se às inferioridades dos mundos baixos, desenvolvem em si a capacidade de amar aos semelhantes, na vivência estabelecida pelo Evangelho redentor.

31

Cuiabá/MT/Setembro/1972

189 — As oportunidades surgem por acaso na vida dos homens?

R — *Evidentemente que não. São inúmeras essas oportunidades e se repetem sempre, nos momentos em que mais se tornam necessárias, dentro dos programas encarnativos de cada pessoa; e oferecem também os mais variados aspectos e condições.*

Os seres encarnados nunca estão entregues à própria sorte e sobre todos eles as atenções dos protetores espirituais se fazem sentir sempre, para que haja êxito nesses programas e benefício para os interessados nos dois planos.

Para melhoria de posição na sociedade; aquisição de recursos materiais para as necessidades da vida familiar;

aproximação de pessoas que devem unir-se para execução de resgates cármicos e tarefas aceitas ou atribuídas anteriormente ao nascimento, tudo são oportunidades.

A mão que se estende suplicando ajuda; o amparo à criança abandonada ou desvalida; a consolação ao aflito ou desesperado, nas agruras de suas provações, não são oportunidades de provar nossos entendimentos de solidariedade humana, de caridade espiritual, de amor aos semelhantes?

Não são oportunidades de nos iniciarmos na prática do amor espiritual? E de medirmos as reações de nossa consciência ante as leis que o Evangelho nos aponta, como roteiro que é de vida reta e justa?

Sejam pois abençoadas todas as oportunidades que surjam em nossos caminhos e fiquemos atentos para não perdê-las, pois, atendendo-as, nos aperfeiçoamos nas experiências e nas virtudes cristãs, indispensáveis ao nosso progresso evolutivo.

32

Rio de Janeiro/GB/Setembro/1972

190 — Tenho lido muita matéria espiritualista, mas até hoje não pude formar sentido definitivo sobre o corpo de Jesus de Nazaré. Cada pessoa diz uma coisa diferente. Pode o irmão explicar?

R — *Este assunto é mesmo suscetível de muitas interpretações e tem servido de motivo de discórdia entre os cristãos desde os tempos chamados "apostólicos", isto é, desde os primeiros séculos após a retirada de Jesus do cenário terreno e até hoje continua a aguçar a curiosidade e fomentar discussões.*

Para tomar-se posição alta no problema é preciso aceitar a premissa de que as diferenças entre versões em nada alteram a situação espiritual, isto é, a grandiosa obra de amor e de redenção humana promovida pela Divina Entidade sacrificada no Gólgota.

Tanto faz que tenha sido o seu um corpo impassível, como um simplesmente fluídico; ter sido um corpo de carne comum, ou de matéria diferente.

O que importa é seguir os ensinamentos deixados por Ele; realizar a vivência evangélica exigida nesses ensinamentos; somente assim se conseguirá evoluir, sobrepondo-se a dúvidas e ignorância.

Na Escola de Aprendizes do Evangelho adotou-se, desde 1950, a versão segundo a qual Jesus de Nazaré possuía um corpo físico de matéria altamente sensível e purificada, herdada de pais dotados de condições especiais psico-física, necessárias à futura geração de um corpo desse tipo que, no batismo simbólico no Jordão, se integrasse na tarefa sacrificial.

33

Rio de Janeiro/GB/Janeiro/1973

191 — Sou de família espírita numerosa e cada um diz coisa diferente sobre fumar ou não. Qual o mais certo?

R — *A pessoa mais evoluída é quem compreende primeiro e mais depressa abandona os vícios, que tanto mal fazem ao corpo físico, do qual somos todos responsáveis.*

Mesmo não se tratando de espíritas, a verdade é que os malefícios conseqüentes do fumo são hoje sobejamente conhecidos e que aumenta o viciamento inclusive no sexo feminino.

192 — Muitos companheiros dizem que se a gente amar Jesus, isso vale mais que estudar; tomo parte em discussões de Evangelho mas eles discutem, bebem, brigam e procedem mal uns com os outros. Como se pode compreender isso?

R — *São espíritas de boca e entendem a Doutrina como podem,* *segundo o grau de evolução de cada um. A Doutrina espelha verdades perfeitas, mas a assimilação delas depende dessa evolução. Quanto ao Evangelho, não basta compreender, sendo preciso sentir e viver, também, os ensinamentos.*

Jesus é o alvo a atingir pela espiritualização, colocado muito alto para os que não se esforçam por alcançá-lo, mas acessível quando se entra no terreno das testemunhações objetivas.

193 — Desejamos saber qual o número certo de espíritas no Brasil.

R — *Pelo censo de 1969 (o último), o número registrado foi de 664.368 mas todos sabemos que esse número não representa a verdade exata, porque há uma porcentagem alta de confrades que não declaram sua crença, por motivos conhecidos e reprováveis em todos os sentidos. O número acusado deve referir-se mais de perto aos adeptos mais convictos, coerentes, conscientes de suas responsabilidades e que, infelizmente, ainda são minoria.*

Para provar o que dissemos basta citar um fato: em 1947, nos trabalhos de unificação do Espiritismo em nosso estado, promovemos um recenseamento particular, doutrinário e o número apurado com rigor foi para mais de 700 mil.

194 — Temos muitos companheiros que freqüentaram a Umbanda e perguntam por que há letreiros dizendo "Centro Espírita de Umbanda"?

R — *O certo seria cada corrente com sua própria denominação: Centro Espírita tal; Tenda de Umbanda tal. Esta mistura hoje tende a desaparecer e o povo em geral já está sabendo distinguir uma coisa de outra.*

195 — A gente sempre vê que doentes saram na Umbanda e não saram no Espiritismo; não se desenvolvem no Espiritismo e se desenvolvem na Umbanda. Pode explicar?

R — *A doença ou é distúrbio ligeiro, que sara com pouca coisa, em qualquer lugar, ou é defeito ou carma, que não sara em lugar algum antes que se tenha acertado as contas com as leis divinas. E se for feito algum forçamento, a cura não será perdurável, porque as leis se cumprem com rigor; e nem poderia ser de outra maneira, salvo casos especiais, que também ocorrem às vezes.*

Quanto à mediunidade, o desenvolvimento deve ser cuidadoso, metódico, competente; obedece a regras e quando é forçado, por fluidos pesados ou interferências hipnóticas ou magnéticas, de encarnados ou desencarnados, disso resulta sempre conseqüências prejudiciais, tanto físicas como, principalmente, psíquicas.

196 — Dizem também que Umbanda é mais do povo humilde e Espiritismo é mais de gente letrada. É certo isso?

R — *Claro que não. Todas as religiões são do povo que as professa, em maior ou menor número. O que sucede é que o Espiritismo tem vários setores de atividade como o filosófico, o científico, o religioso; os dois primeiros ocorrem mais no campo intelectual e o último no místico racional, mas em todos eles atende o povo abertamente. Quando a Umbanda for codificada e evoluir para condições mais elevadas de espiritualidade, terá também outros aspectos, apresentando ao povo conhecimentos e práticas de maior valor cultural e espiritualizante.*

197 — Por que Allan Kardec criou o Espiritismo na Europa e não aqui no Brasil, que é onde tem maior movimento e número de aderentes?

R — *É um erro dizer que Kardec criou o Espiritismo, que não é doutrina criada por homens, mas revelações advindas do Plano Espiritual Superior, no cumprimento da promessa de Jesus sobre o Paracleto-Consolador; é o Cristianismo primitivo revivido em nossos dias e que nos cumpre difundir no mundo.*

198 — O Espiritismo na França tem mais importância que em outros lugares?

R — *Não tem e, muito ao contrário, a Doutrina se difunde ali de forma muito lenta e mesclada, o que se pode atribuir a vários fatores internos e externos.*

199 — Podemos perguntar se a macumba tem mesmo o poder que dizem? Muitos companheiros dizem que ela não existe, que é tudo superstição. Como se deve compreender?

R — *Há espíritos bons e maus. Os primeiros são evoluídos, amadurecidos no conhecimento e prática das leis de Deus e, portanto, incompatíveis com o mal, enquanto os segundos, cegos ainda pela ignorância dessas leis, ou rebeldes ao seu cumprimento, demoram ainda nas esferas sombrias do mal. Cada um dá o que tem, recebe pelas suas obras, e alcança o que pode.*

200 — Tenho um irmão, secretário de um centro, que vive cansado, doente, irritado e impressionou-se com um parente que veio do norte, próspero e feliz, dizendo que freqüenta candomblé e que ele deve deixar as filosofias de lado. Meu irmão entrou em duvidar e deu prazo de três meses para as coisas melhorarem, sob pena de mudar de vida. O guia do Centro consultado mandou que orasse e vigiasse com paciência. Mas nada valeu, continuando ele na dúvida. Que acha que ele deve fazer?

R — *Com as leis de Deus não se negocia nem se impõe condições. Quem está no Espiritismo já ultrapassou os pontos inferiores da jornada e tem recursos íntimos e cobertura espiritual suficiente para orientar-se e conduzir-se numa situação destas que, aliás, é simples e clara; mas se ele não assimilou os ensinamentos é bom que os recorde; dê um balanço interno e procure agir de conformidade com os preceitos evangélicos; assim mudará sua vida sem precisar mudar de crença.*

34

Belo Horizonte/MG/Fevereiro/1973

201 — Formamos um grupo de estudos e agora estamos praticando o Espiritismo. Mas há muitas coisas que não entendemos e recorremos ao irmão. A matrícula na escola de evangelização que existe nessa capital ajuda a progredir mais depressa? Pode mandar um programa?

R — *Esta escola representa um ponto alto do conhecimento espiritual e dos esforços e realizações que levam à redenção.*[6]

202 — Para ser bom espírita não é bastante ter fé em Deus e em Jesus Cristo e fazer o bem que se puder, ou é preciso mesmo freqüentar o Centro?

R — *A freqüência a uma casa espírita bem organizada e orientada é sempre útil e recomendável, porque aproxima os trabalhadores, oferece ponto de reunião acolhedor e amigo, coordena o trabalho em comum, oferece oportunidades imediatas de servir o próximo, induz ao estudo constante dos textos doutrinários, aumenta diariamente a cultura espiritual e as experiências nas testemunhações.*

203 — Tenho uma família que tem um membro espírita, dois católicos e quatro sem crença alguma, mas são todos pessoas bondosas e vivem muito bem. Que diferença faz?

R — *Nenhuma. Cada qual deve seguir seus próprios rumos e tendências, que sempre correspondem ao adiantamento e à compreensão individual; forçamentos serão sempre inúteis. O importante é manter a harmonia do lar, a fraternidade, aguardando*

[6] O Programa de Escola de Aprendizes do Evangelho, bem como as outras atividades de um Centro Espírita, constam no *Vivência do Espiritismo Religioso*, Editora Aliança. (Nota da Editora)

as inspirações que certamente virão com o tempo, para as mudanças aconselháveis de rumo, e o despertamento para novas concepções de ação e de vida. Como o Espiritismo não tem fronteiras sectárias, o Evangelho no lar será o ponto de intercessão e de conciliação de todas as esperanças de melhoria espiritual, caso o adotem com ampla liberdade de debates sobre os textos.

204 — Freqüento um Centro de meu bairro e mandam sentar à mesa para desenvolver há dois anos, que não deu em nada. Por quê?

R — *Porque não deve haver mediunidade-tarefa a desenvolver. Recomenda-se um exame espiritual específico, verificando-se as reações das glândulas cerebrais; se estiverem luminosas e exuberantes, haverá mediunidade mas, caso contrário, não o haverá e, então, inútil será tentar o desenvolvimento.*

205 — É proibido ler assuntos sobre outras religiões? Onde freqüento me proíbem. Está certo?

R — *Claro que não. Qualquer leitura, quando instrutiva, é conveniente ao esclarecimento espiritual. O Espiritismo sendo, como é, uma doutrina aberta e liberal, não faz proibições deste tipo, mas recomenda leituras salutares ao espírito e ao aculturamento doutrinário. Quanto mais cultos forem os espíritas, melhor.*

206 — Pode-se acreditar que o Espiritismo é só ciência e caridade?

R — *Não; é isso e muito mais. A Doutrina caracteriza-se pela notável flexibilidade que possui nos três setores conhecidos de ciência, filosofia e religião, todos importantes e complementares entre si, sendo o último — o religioso — aquele que julgamos o mais importante no momento que vivemos.*

207 — Tomo parte em trabalhos e sempre exigem que não se cruze as pernas e as mãos. É certo isso?

R — *Depende da natureza do trabalho. Por exemplo: se for de doação de fluidos, para curas ou para efeitos físicos, o cruzamento, de certa forma, cria obstáculos à livre fluição das energias próprias, ou recebidas do plano espiritual; se for de vibração mental (irradiações), pouco importa que se cruzem ou não as pernas e braços; se o grupo de trabalhadores funciona como suporte à disposição dos operadores espirituais, também tanto faz.*

208 — Em vários centros que freqüento o diretor manda que os espíritos passem de um médium para outro e o espírito obedece e todos dão suas mensagens. Pode ser isso?

R — *Trata-se de um hábito velho e generalizado que, entretanto, não pode ser endossado, porque os espíritos, mormente os instrutores, não são subordinados nossos, para cumprimento de ordens ou pedidos, muitas vezes contraproducentes e prejudiciais ao bom nome da Doutrina.*

Os espíritos, por tolerância, às vezes atendem, para não comprometerem os dirigentes ou prejudicarem os doentes ou assistentes, mas daí a ser uma regra de trabalho, a distância é longa.

209 — Por que não há boas escolas onde se possa aprender o Espiritismo científico e filosófico?

R — *Existem algumas, não específicas, do setor filosófico e, quanto ao científico, com esse caráter, não conhecemos nenhuma; por isso esse trabalho foi açambarcado pelas sociedades e grupos de parapsicologia.*

210 — Preciso saber porque as escolas de evangelização, iguais às de São Paulo, não são criadas em outros lugares para uso geral?

R — *Essa multiplicação de escolas de evangelização faz parte do plano de criação da que existe aqui em São Paulo e que pode ser considerada pioneira e padrão, mas essa providência não está sendo executada como era de esperar o que, todavia, é situação passageira.*

211 — No Espiritismo não existe uma só regra para os trabalhos práticos. Não devemos seguir o exemplo de outras instituições onde essa falha não existe?

R — *A demora no preenchimento desta lacuna da Doutrina provém em parte da liberalidade e sua própria finalidade de não possuir organização rígida; mas aqui em São Paulo desde 1947 iniciou-se essa uniformidade, tendo a Federação uniformizado e padronizado suas práticas e métodos, em escolas e cursos, como são hoje. No Congresso Estadual de unificação, convocado nessa época pela Federação e no Nacional, aqui também reunido um ano depois, a padronização foi estudada e debatida, porém seus resultados não têm sido apreciáveis em outras partes, o que é de se lastimar.*[7]

212 — O que tem sido o motivo da falta de expansão das escolas de aprendizado evangélico?

R — *O serem de caráter religioso, exigirem realizações objetivas no campo interno; não serem escolas teóricas e do gosto daqueles que preferem o Espiritismo filosófico ou o científico. Mas é de crer que, com o correr do tempo, essa mentalidade se modifique e a vivência evangélica seja uma marca popularizada de engrandecimento espiritual, pela exemplificação e não de constrangimento consciencial, como ainda o é hoje.*

213 — O espírita pode comparecer em cerimônias católicas e de outros cultos acompanhando membros de sua família?

R — *Claro que pode, se for necessário, e para evitar ressentimentos, como ocorreria, por exemplo, nos casamentos, desde que não tome parte ativa nas cerimônias ou nos ritos, como aderente ou concordante, o que seria levado a conta de quebra de crença, ou versatilidade de conscientização doutrinária.*

[7] Ver *Trabalhos Práticos de Espiritismo*, do mesmo autor.

214 — É obrigatório o comparecimento nas sessões e cerimônias dos Centros Espíritas?

R — *Sim e não: sim, para fraternização sistemática com irmãos de crença, familiarização com as práticas, aumento constante de conhecimentos espirituais, ter ponto de reunião acolhedor e amigo, oportunidades constantes de colaboração em serviços aos semelhantes, e outras muitas razões ponderáveis, já citadas.*

Mas não, como obrigação formalística, porque as exigências principais do Espiritismo são para que os adeptos se espiritualizem, preparem-se para a vivência evangélica, dando os testemunhos dessa vivência no amor a Deus e aos semelhantes, e isso pode também ser feito, devido a circunstâncias, em caráter individual e independente, conquanto se tornem os resultados muito mais duvidosos, pela falta de ambientação, cooperação e aconchego.

215 — Por que os Centros Espíritas preferem se dedicar às doutrinações de sofredores e aos trabalhos de caridade, quase nada eles fazendo sobre o modo do freqüentador se conduzir lá fora, o que me parece uma falha. Estarei certo?

R — *Já falamos que a principal finalidade do Espiritismo é a transformação moral, a evangelização dos adeptos e isso não se consegue sem um grande esforço próprio e perseverança.*

216 — Como devemos agir na família, havendo desprezo pela crença que temos, a esposa se afastando, os filhos reprovando, e faltando ambiente para viver?

R — *Permanecer no posto, firme na fé que possui, dando sempre provas de amor aos familiares, mesmo sem correspondência, auxiliando-os como for possível, testemunhando o Evangelho sem qualquer desvio, para que sua conduta se transforme em exemplo vivo, servindo de estímulo para uns, semente a germinar no futuro para outros, influindo no tempo para o triunfo da verdade espiritual.*

Assim procedendo o adepto assegura a proteção do Plano Espiritual, que agirá de maneira a que as coisas sucedam da forma mais útil ao bem de todos.

Essa situação, além disso, é magnífica oportunidade de se testar a si mesmo, com a certeza de um maior adiantamento espiritual.

Assim procede o espírita verdadeiro.

35

Florianópolis/SC/Maio/1973

217 — O que se deve ensinar, sendo homem velho, às pessoas da família que querem andar sem roupas quase nenhuma e desrespeitar o sexo que todos respeitamos. Está certo isso?

R — *A sexologia, com os desvios que sofreu e que agora atingem um ponto alto demais, facilita a entrada das forças do mal nos indivíduos, nas famílias e na sociedade.*

Os jovens, inexperientes, rebeldes e convencidos de sabedoria, são os veículos mais utilizados por essas forças para a desorganização da vida na Terra , de acordo com os programas das organizações espirituais inimigas da Luz, da Ordem e da Paz.

Aproveitando essas tendências do materialismo ateu, os costureiros senhores da moda, constroem modelos arrojados, pagãos, que classificam de avançados, modernos, super... e de grande aceitação. E assim ganham dinheiro, desvestindo, quando deveriam fazê-lo, vestindo.

A arma do bom senso contra isso é não protestar (o que é justo) mas não aderir, e continuar fora da moda vigente, mas dentro da seriedade das conveniências normais.

218 — Como a religião do Espiritismo vê essas modas de quase nudez?

R — *A nudez, em si mesma, nada tem de condenável e chocante; o corpo humano foi planejado por entidades de alta hierarquia espiritual e os órgãos do sexo foram destinados à propagação da espécie tendo, portanto, elevada finalidade.*

Mas a nudez só coube às sociedades primitivas, ainda muito aproximadas da vida animal, livre, natural; na sociedade moderna certamente que é um desgarre para a animalidade, a luxúria, a licença, aguçando instintos dos quais os homens e as mulheres justamente deveriam se distanciar, ou se esforçar por isso.

219 — Como a gente deve se vestir hoje em dia?

R — *Discretamente, com decência, simplicidade e conforto.*

220 — Como se pode viver em paz, discordando de todo mundo, dentro e fora de casa?

R — *Está dito atrás: sem protestar mas sem aderir engrossando a fila, esperar a virada, porque os costureiros precisam criar, dia a dia, coisas novas e diferentes, sem esquecer que a nudez pode ser muito interessante no verão... Se, para a licenciosidade, não há calor que chegue, o mesmo se dá com o corpo humano, suscetível a doenças, sobretudo no inverno.*

221 — Se houver oposição a esses costumes modernos, não iremos ficar sozinhos, sem companhia? Que acha?

R — *Sem companhia nunca se está e a consciência é uma delas... É ter paciência e esperar, não esquecendo que é sempre bom semear boas sementes em nossos caminhos, lembrando-nos de Jesus, que semeou sementes que estão brotando até agora e são as únicas que poderão salvar o mundo de punições coletivas bastante dolorosas.*

36

São Paulo/Capital/Agosto/1973

222 — Somos Espíritos mais velhos que a Terra?

R — *Nem sempre. A Criação Divina é ininterrupta e não se pode saber quando determinado Espírito foi criado, mesmo porque a criação é coletiva e não individual.*

223 — É certo que a vidência se exerce em todos os sentidos?

R — *Certo. Os sentidos espirituais são exercidos em quarta dimensão, isto é, em todas as direções.*

224 — Os Espíritos encarnam indiferentemente como homens ou como mulheres?

R — *Indiferentemente não, mas de acordo com as experiências de que necessitem para sua evolução.*

225 — Por que está se difundindo a homossexualidade? Seria depravação do Espírito? Queima de carma?

R — *Às vezes sim, mas nem sempre: ocorre também a repulsa do indivíduo pelo sexo oposto, gravada no subconsciente, por experiências penosas havidas anteriormente; ou, ainda, porque tendo entrado nesta encarnação atual para experiências do campo masculino, ainda sofre forte influência das emoções do sexo oposto.*

226 — Como é feita a transfusão de fluidos numa sessão?

R — *Depende da natureza da sessão. Em sessões de cura, por exemplo, em havendo corrente, a transfusão é feita pelas mãos. Nos passes idem. No sopro, pela boca. Em geral, por difusão espontânea perispiritual, isto é, por indução.*

227 — Qual a necessidade de as mãos ficarem espalmadas sobre a mesa ou sobre as pernas nas sessões em geral?

R — *Nenhuma necessidade. Pode ser uma opinião pessoal, sem base científica ou doutrinária. Se é para dar não será esta a posição adequada; se é para receber, veja-se a resposta n.° 226.*

228 — O homem é produto do meio?

R — *Não. O que ele é, no momento, resulta de seu passado anterior. O meio pode influir na educação e na conduta, mas não na formação espiritual, que depende de vidas inumeráveis, anteriores.*

229 — A vidência é uma coisa só, ou varia segundo a pessoa? Existe vidência total? Numa classe de desenvolvimento o dirigente pode corrigir e encaminhar os alunos com 100% de autoridade?

R — *A vidência é variável em cada médium, ou grupos de médiuns, não se podendo, nem se devendo exigir uniformidade que não existe. Um vidente pode enxergar somente na periferia da aura, enquanto outro, melhor dotado, pode penetrar fundo na intimidade do perispírito.*

230 — Por que geralmente, após envolvimentos fluídicos, as pessoas bocejam?

R — *Várias razões: saturação perispiritual por fluidos pesados; cansaço orgânico; más condições espirituais em qualquer desses casos.*

231 — Um Espírito encarnado (feto) pode deixar o corpo da mãe e manifestar-se conscientemente fora dele?

R — *Normalmente não; conscientemente não; só excepcionalmente e assim mesmo custodiado, pois são muito fortes os laços da concepção.*

232 — As Fraternidades de Espíritos trabalham em auxílio a encarnados e desencarnados em todo o globo terrestre?

R — *Nem sempre: alguns se fixam por tempo prolongado em determinados agrupamentos ou instituições; os mais altos e credenciados, que possuem mais liberdade de ação, podem agir em todo o globo; tudo dependendo de programações prévias.*

233 — A auto-sugestão pode ser auto-obsessão?

R — *Em certos casos, sim; quando dominante e fixa, a auto-sugestão pode ser encarada, por seus efeitos ou conseqüências, como auto-obsessão.*

234 — A abstinência de bebidas alcoólicas pelos médiuns deve ser absoluta?

R — *Não, até certo limite e sem fanatismo. O que deve ser evitado e proscrito com rigor é o hábito de beber e isso não impede, que em certas circunstâncias, o médium possa beber, ligeiramente, bebidas leves para não suscetibilizar pessoas, ou passar por exibicionista.*

235 — O Espírito de uma criança encarnada, ao exteriorizar-se pelo sono, entra em contato com protetores espirituais, ou dorme ao lado do corpo?

R — *Para efeito de exteriorização, é um Espírito como outro qualquer; liberto do corpo físico, afasta-se ou permanece junto a ele segundo desejo próprio ou interferências de outrem.*

236 — O que é uma criatura mística?

R — *Normalmente é aquela dominada por uma crença religiosa, por um ideal profundo, ou sensível em demasia a idéias ou pensamentos empolgantes.*

237 — A sensibilidade dos espíritos é evolução?

R — *Nem sempre: há também sensibilidade física, da qual a chamada alergia, é um exemplo. Pode ser também psíquica, provocada por emoções, temores. Mas quando é perispiritual e permanente, sempre denota maior evolução.*

238 — Também os guias espirituais encarnam?

R — *Sem dúvida, quando necessário, em missões ou a pedido, para eliminação de imperfeições residuais.*

239 — Deve ser obrigatório um dirigente saber distinguir modalidades mediúnicas?

R — *Em quaisquer circunstâncias do ensino doutrinário, sobretudo quando orienta ou educa médiuns, o dirigente precisa ser competente.*

240 — O vidente vê tudo o que quer, ou somente o que os Espíritos projetam?

R — *Sim, no primeiro caso, quando tem capacidade alta (clarividência) e não há interferências proibitivas. Nos pontos menores do desenvolvimento ou na faculdade limitada, o que prevalece são as projeções, ou vidências locais.*

241 — Por que nem todos os médiuns produzem ectoplasma?

R — *Esse tipo de fluido magnético é doado, de preferência, por médiuns que receberam a tarefa de produzirem efeitos físicos (fenômenos), e curas, inclusive operações mediúnicas.*

37

Rio de Janeiro/GB/Setembro/1973

242 — Somos principiantes da Doutrina e minha mulher deseja freqüentar reuniões de Ioga. O que aconselha o irmão? Podemos receber alguma instrução sobre isso?

R — *Se já está no Espiritismo, para que Ioga? Pelo Espiritismo nada há a proibir, por ser esta uma doutrina aberta, de libertação universal; mas, simplesmente, julgamos desnecessária tal freqüência.*

Para dar as instruções pedidas, advertimos que não nos referiremos às práticas de concentração e exercícios físicos da Ioga popularizada em nosso país, que são elementares e superficiais e, também, que já escrevemos neste mesmo jornal uma série de artigos sobre isso, entre julho de 1946 e agosto de 48, que, naturalmente, não estão a seu alcance agora.

Mas, para esclarecer melhor, respondendo também a interpelações feitas por outros, estenderemos esta resposta muito além da costumeira concisão aqui adotada.

A Ioga é uma corrente religiosa da Índia, radicada nos Vedas e se divide em vários ramos ou seitas, sendo sua finalidade principal, as atividades do campo mental que vão desde práticas físicas grosseiras, até realizações elevadas da busca de Deus.

Em sua expressão mais terra-a-terra, as realizações levam ao setor do faquirismo e, na mais elevada, a da formação de homens "super", dotados de amplas capacidades psíquicas, conhecidos como "santos" e "mestres" que, via de regra, mantêm escolas particulares fechadas, ou independentes e abertas, adstritas a templos de freqüência popular livre.

As atividades em geral da Ioga não visam, habitualmente, assistência espiritual ou material aos semelhantes — o que a distancia fundamentalmente do Espiritismo, limitando-as aos discípulos o que, aliás, também sucede em relação à maioria das seitas de mentalismo.

Detalhemos um pouco mais o assunto.

Na Ioga superior são exigidos:

1) *Desprendimento do mundo material com eliminação de ambições, compromissos sociais e familiares, abstenções, vida ao natural, sem resguardos, mas com exclusivismos.*
   No Espiritismo não há exigência sobre isso, mas simplesmente abstenções e assim mesmo de forma suave, harmoniosa, com base na compreensão, sem rigorismos e, bem ao contrário, com atividades irrestritas e fraterna integração na vida dos semelhantes.
2) *Desenvolvimento de faculdades psíquicas compreendendo: conhecimento e manipulação de energias internas para transmissões, comunicações e ações diretas no campo da matéria, com dominação das leis naturais.*
   No Espiritismo o desenvolvimento de faculdades psíquicas existe, mas tem outros métodos, e outras finalidades, visando comunhão com o plano espiritual, consolação e auxílio aos semelhantes; não visa, em absoluto, a obtenção de poder pessoal e exclusivismos, mas a preparação para o exercício apostólico do bem, em sentido universal.
3) *Dominação dos sentidos e das atividades orgânicas, com renúncia a comodidades, desejos, paixões, prazeres, incluindo mortificações físicas.*
   Não existe tais preocupações no Espiritismo, que visa o aperfeiçoamento íntimo, levando em conta as leis de Deus e as necessidades normais da vivência no mundo físico.
4) *Exteriorizações do Eu interno, com vida reclusa, isolamento pessoal, meditações, desdobramentos, para integração consciente no mundo espiritual.*
   O Espiritismo realiza uma progressiva e suave integração no mundo espiritual pelo aprimoramento do corpo e do espírito, purificação íntima, preparação evangélica; e o faz em aberto, de forma popular, não exclusiva, visando o benefício comum.
5) *Se não há, pois, razões para se proscreverem as práticas da Ioga (quando realmente espiritualizantes) também não há*

como atribuir-lhe qualquer superioridade iniciática, que leve a preferências doutrinárias.

Devemos respeitar todos os credos sabendo que, no final, o que se busca é a libertação para vidas espirituais mais perfeitas; mas o conhecimento e as práticas, em todas as circunstâncias, devem beneficiar, sem exclusivismos, a maior parte dos seres e não a alguns, unicamente, por melhor dotados que sejam, porque a misericórdia de Deus se estende sobre todos sem exceção.

É inegável que a felicidade espiritual vem mais depressa para os que se esforçam em conquistá-la, mas o esforço que mais frutifica é o realizado dentro da lei do amor aos semelhantes; e quanto mais sobe o ser humano na escala evolutiva, mais se integra na comunhão universal.

Isso é o que o Espiritismo ensina; sublimando tudo o quanto a tradição espiritual do mundo desde sempre revelou.

38

Curitiba/PR/Janeiro/1974

243 — Em alguns pontos do livro da Iniciação Espírita encontra-se a palavra "mônada". Desejamos saber bem o que significa?

R — *Julgamos que o consulente poderia encontrar, no próprio texto lido, o significado da palavra em causa. Como, porém, pede uma definição clássica, aqui a damos:*

"Mônada", do grupo Um, elemento unitário, centro de consciência de unidade. ***Doutrinariamente*** *parte essencial do "Todo", partícula limitada em suas atividades, pelos veículos de que Este se serve para agir nos mundos inferiores. Elemento inteligente e básico da Criação, que evolui na eternidade; em outras palavras: o espírito em potencial, que desenvolve possibilidades intrínsecas, ilimitadas, em sua volta à origem, nos Planos Espirituais divinizados.*

Rio de Janeiro/GB/Janeiro/1974

244 — Há diferença entre sonambulismo e desdobramento, quero dizer "transporte", e há consciência nos dois casos?

R — *Em primeiro lugar convém esclarecer que desdobramento e transporte não são fenômenos idênticos, aplicando-se o termo* "transporte" *para o efeito físico de deslocamento de objetos de um local para outro; enquanto que* "desdobramento" *é termo que se aplica às exteriorizações do perispírito.*

Os desligamentos e as exteriorizações do espírito encarnado podem ocorrer em vários casos: a) no sono normal; b) no sono provocado, hipnótico ou magnético; c) por efeito de drogas anestesiantes; d) por traumatismos psíquicos; e) por incorporação mediúnica inconsciente; e f) por desdobramento consciente.

Em todos os cinco primeiros casos a consciência do espírito exteriorizado é relativa e precária e, somente se torna satisfatória, nos casos de desdobramentos voluntários (item "f") quando, então, o Espírito tem plena consciência do que faz, pensa, sente e observa nos ambientes em que se encontra.

Porto Alegre/RS/Janeiro/1974

245 — Preciso que o irmão me esclareça se as oportunidades que a gente não espera surgem por acaso na vida, ou têm outro motivo?

R — *Na vida de todos nós as oportunidades são inúmeras e se repetem muitas vezes nos momentos em que menos as esperamos e de diversas espécies: para melhoria de posição na sociedade, para aquisição de recursos materiais, para solvência de compromissos, para aproximações afetivas entre pessoas que devem se juntar para resgates cármicos, etc., mas nada por acaso e nada fora dos programas encarnativos marcados para cada um.*

A mão que se estende pedindo amparo, o sofrimento dos

aflitos no curso das provações devidas, o ensinamento que se transmite aos que estão desorientados; nas perdas de dinheiro ou de afeições, em tudo isso não se podem perceber oportunidades que são dadas para ajudar ou para pôr à prova nossos sentimentos de solidariedade humana, de amor aos nossos semelhantes?

Ou de medirmos as reações de nossa própria consciência face às leis reguladoras da espiritualidade que Jesus no seu Evangelho aponta com tanta clareza e propriedade?

Sejam pois abençoadas essas oportunidades, com auxílio das quais temos conhecimento direto de nossas inferioridades e traçamos novos rumos à nossa evolução espiritual.

39

São Paulo/Capital/Fevereiro/1974

246 — Resolvi pedir uma consulta com o irmão porque não estamos, alguns de nós, de acordo com alguns trabalhos deste nosso Centro; os médiuns costumam receber os irmãos com barulho, gestos de palhaçada e nada se aproveita e o diretor também toma parte. Perguntamos como é de justiça que se faça?

R — *Quando os médiuns agem dessa maneira gesticulando, respirando alto, dando socos na mesa, etc., pode-se concluir que não freqüentaram casas espíritas bem orientadas, onde haja cursos e escolas sobre o desenvolvimento regular e competente; onde a mediunidade é melhor conhecida e praticada e onde tais defeitos serão, certamente, desde logo, corrigidos e eliminados.*

Há muitos médiuns bem intencionados que freqüentam Casas onde os dirigentes desprezam os conhecimentos novos e permanecem nos conceitos e hábitos antigos de fanatismo, missionarismo e misticismo exagerado.

Mas em casos especiais, pode também ocorrer que o espírito comunicante transmita à organização perispiritual do médium uma carga excessiva de magnetismo que excita demais o sistema nervoso e não tenha o cuidado de dosar suficientemente a transmissão; ou ignore que tal deva ser feito. Tudo pode ocorrer, mas tudo deve ser examinado e controlado.

40

São Paulo/Capital/Março/1974

247 — Quando minha esposa ficou em estado interessante, começou a passar mal e já faz dois meses e não melhora; agora só quer livrar-se da criança. O médico diz que é assim no primeiro parto, mas ela não aceita e diz que conhece muita gente que passa bem. Quer abortar. Está com dois meses.

Eu sou espírita e não sei se posso concordar com isso.

R — *Segundo a Doutrina dos Espíritos isso não deve ser permitido. Sendo ela casada, não ocorre no seu caso nenhum impedimento inibitório que a leve a impedir que espíritos destacados para reencarnar com seu auxílio maternal, vejam-se impossibilitados de cumprir compromissos ou tarefas.*

Se impedir isso adquirirá inimizades espirituais e ficará sujeita a vinganças ou, no mínimo, a ressentimentos e vibrações negativas, da parte do Espírito prejudicado.

Nesse segundo mês já o feto está avançando na sua formação, como também a integração do perispírito no processo de gestação e, da mesma forma, adiantada também está a formação do Corpo Etéreo, que se inicia nos primeiros dias e prossegue dia a dia, completando sua formação no ato do nascimento.

Se a confreira não agir bem, a responsabilidade espiritual será inteiramente dela e assim também suas conseqüências futuras.

248 — Em livro que o irmão publicou, não me lembro bem qual deles, consta que a mediunidade é da parte científica. É verdade mesmo?

R — *Como canal da revelação a mediunidade tanto serve ao setor religioso, como aos demais setores doutrinários, mas seu desenvolvimento (este é o ponto exato a que o confrade se refere) este deve ser considerado próprio do setor científico da doutrina. Consultando os livros* Mediunidade *e* Desenvolvimento Mediúnico *o confrade aí encontrará os meios de realizar esse desenvolvimento em boas e seguras condições.*

249 — Pode a ciência humana submeter um cadáver a congelamento e fazê-lo reviver anos ou décadas após?

R — *A pergunta é inaceitável nestes termos e é provável que não tenha sido formulada em ordem.*

Alguns experimentadores do setor biológico têm tentado congelar e reviver plantas e animais, suspendendo, temporariamente, o curso da vida vegetativa, mas de seres vivos e não mortos; e nos casos de animais mortos por congelamento, encontrados séculos após, com o corpo físico íntegro e nenhum indício de decomposição física, isso não quer dizer que esse animal pode ser ***revivido*** *pois que encarnar e desencarnar depende de leis divinas e não humanas.*

Nos seres humanos encarnados há regras, condições e prazos préfixados pelo Plano Espiritual, que não podem ser alterados pela ciência humana.

41

Rio de Janeiro/GB/Maio /1974

250 — O Espírito desligado do corpo físico emite fluidos quando se aproxima de alguém?

R — *Certamente que sim porque nesse estado está revestido do perispírito e este é sempre uma fonte geradora de fluidos para o exterior sendo ele mesmo, um condensado fluídico notavelmente dinâmico.*

251 — Pode informar se existe herança de defeitos físicos de pais para filhos e os filhos deformados? Quais são as regras desses fenômenos?

R — *Segundo a teoria da evolução das espécies, essas alterações a ciência oficial enquadra no termo "mutações": os espermatozóides de todos os seres vivos, são compostos de células (DNA), à sua vez formadas por nucleótidos, que sofrem alterações produzidas por agentes ainda não bem determinados (raios cósmicos, agentes químicos, etc.) que mudam as formas e outras condições físicas dos descendentes a cuja classe pertençam.*

Essas mutações podem ser, em termos, provocadas em laboratório representando, pois, no futuro, evidente ameaça à estabilidade ou, no mínimo, confusão à estabilidade das formas físicas dos seres vivos; da "forma" e não dos implementos perispirituais que constituem a "alma", que anima o físico e muito menos do Espírito, que é o elemento vital do conjunto; além disso o monstrengo que disso surgisse não teria vida própria e duradoura porque as leis da Natureza, que são de Deus, não podem ser transgredidas impunemente. Convém ainda acrescentar que o Plano Espiritual Superior não seria alheio a tais fenômenos.

252 — Jesus escolheu seus discípulos de forma sobrenatural como se diz?

R — *Sobrenatural certamente que não, mas por razões adequadas e justas sim. Alguns deles Jesus já conhecera antes, na convivência de um lugarejo de poucos habitantes como era Nazaré e outros aglomerados e cidades da Galiléia daquele tempo e também nos relacionamentos profissionais da carpintaria de José,* *seu progenitor, e mais tarde, d'Ele mesmo, quando substituiu seu Pai à morte deste; e, ainda, de suas visitas aos mosteiros essênios; outros conhecera por indicação de companheiros (como foi o caso de Felipe); e outro por solicitação pessoal (como foi o caso de Judas de Kerioth) e ainda aqueles que o fez por chamamento direto (como foi o caso de alguns pescadores e de Levi, o cobrador de impostos).*[8]

253 — É verdade que foram aceitos por haverem encarnado justamente com esse destino?

R — *É de crer que assim fosse, pelo menos em relação a alguns, os mais achegados e afins. É natural que uma encarnação tão transcendente como a de Jesus não ocorreria sem cuidados prévios de preparação por auxiliares encarregados disso, antes do nascimento e um ponto importante a considerar será este do selecionamento das pessoas que deveriam auxiliar o Messias, facilitando seu trabalho em nosso plano material.*

Nada sucede de importante na vida dos missionários que não seja programado previamente, previsto antes pelo Plano Espiritual Superior responsável pelos acontecimentos espirituais da vida dos encarregados da execução de programas na Terra.

254 — Por que esses discípulos foram incorporados ao trabalho de Jesus quase ao mesmo tempo e logo nos primeiros dias?

R — *Por duas razões principais: primeiro porque Jesus naqueles dias iniciais de Sua tarefa pública precisava fazer também preparativos no campo material, o primeiro sendo o abandono do lar e de sua responsabilidade de manutenção da família como substituto do pai; segundo porque o que credenciava um rabi e dava-lhe prestígio exterior era ser sempre acompanhado por uma turma, maior ou menor, de discípulos.*

[8] Em *O Redentor* o autor fornece mais detalhes sobre este assunto e sobre as duas questões seguintes. (Nota da Editora)

255 — Como se pode entender o tema "Liberdade, Igualdade e Fraternidade"?

R — *Estes três termos, que fizeram, na época, o lema da Revolução Francesa do século XVII, na vida humana espiritual têm efeitos relativos em todos os sentidos:*

Liberdade, que se refere ao livre-arbítrio, é atributo do Espírito livre e somente existe à medida que este vai evoluindo, desvencilhando-se das amarras das inferioridades morais, adquirindo capacidade espontânea de agir pelo Bem em relação a seus semelhantes. Igualdade somente existe nas origens e nos fins da evolução. A regra geral é a desigualdade ou diversidade na unidade, e vigora desde os vermes da terra até os seres mais elevados.

Fraternidade, finalmente, só existe quando os seres, ascendendo a pontos altos da hierarquia espiritual, adquirem a capacidade de amar em sentido universal, na vivência estabelecida por Jesus em seu Evangelho.

42

Rio de Janeiro/GB/Junho/1974

256 — Ingressei faz pouco tempo na Doutrina e me encontro confusa porque no Centro que freqüento os irmãos médiuns não dizem coisas certas e só falam em voz alta e até ameaçam com castigos. Falei sobre isso com um diretor e ele me disse que estava tudo certo e que eu é que não tinha fé. Peço esclarecer.

R — *Nem todos os Centros adotam a mesma linha de trabalhos e procedimento; nem todos podem representar o Espiritismo verdadeiro e o meio mais fácil de saber é ver com vagar se a orientação tem por base o Evangelho de Jesus e se os médiuns e dirigentes dão testemunho de amor, retidão, pureza, humildade, desprendimento; "pelos frutos se conhecem as árvores".*

Mas há muitos Centros bem orientados, e onde se sentir melhor, mais bem amparada, moral e materialmente, aí deve permanecer.

257 — Meu marido foi também lá e disseram que era médium e precisava desenvolver, mas desde esse dia ele tem ficado muito perturbado. Que será que devemos fazer?

R — *A resposta anterior também vale para este caso. Procure uma casa espírita onde façam exame espiritual prévio, para saber se seu marido tem ou não mediunidade-tarefa, isto é, mediunidade para trabalho, que é aquela em que o desenvolvimento é proveitoso e recomendado, e indiquem o trabalho prático que deve freqüentar e que estudos deve iniciar, caso não os tenha. É muito comum confundir perturbação espiritual com mediunidade.*

Antigamente estas instruções não eram conhecidas, mas hoje já o são para grande número de Casas, já havendo largas áreas onde se encaminha o mediunismo no sentido racional e científico, sem misticismo exagerado e sem fanatismos e idéias de missionarismo; onde se obedecem as regras, métodos e princípios seguros e comprovados, que impedem inúmeras irregularidades e falhas facilmente evitáveis. Se tem interesse de conhecer melhor o assunto, leia as obras especializadas existentes em livrarias, de preferência espíritas.

258 — Não compreendo até hoje o que é mente, o que é mentalizar uma coisa. Mente e pensamento é o mesmo?

R — *É natural que não seja fácil compreender, porque não há mesmo definições claras a respeito e não é também fácil oferecê-las.*

Diz-se, por exemplo, que a mente é a sede da consciência, o órgão que regula e controla suas atividades; o órgão que pensa, reflete, decide sobre os atos humanos, etc.

Não é bem exato, se substituirmos este conceito por este outro: "que o Espírito encarnado age através da mente e por meio dela", então chegaremos a uma compreensão mais clara porque, na verdade, o que se atribui à mente é o que deve ser atribuído ao Espírito, pois que este é que pensa, reflete, decide, e através da mente, área existente no Perispírito, delimitada pelo corpo mental, que, muito embora seja termo adotado pela filosofia oriental nem por isso se torna menos verdadeiro, e, através dessa área, conjugada a outro órgão do Perispírito — o centro de força Coronário, — à sua vez ligado ao cérebro físico, que as decisões e impulsos do Espírito são transmitidos e executados em nosso plano denso.

O Espírito, portanto, não pode ficar de lado pois é o agente primeiro, ativo e operante do conjunto formado pelo homem encarnado.

Pensamos que a definição pode ser, então, esta: "Mente é a área situada no Perispírito, delimitada pelo corpo mental, na qual o Espírito lança suas idéias, impulsos e pensamentos, para serem executados em nosso plano denso, através do cérebro, dos órgãos dos sentidos físicos e dos centros de força, para recebimento de energias cósmicas.

Mas poderão perguntar: por que então não foi dado desde o início, o conhecimento mais compreensível?

E responderemos que tudo é dado a seu tempo e só agora o metabolismo do psiquismo pode ir sendo melhor penetrado.

Nota: Maiores detalhes sobre o assunto poderão ser encontrados no Opúsculo *Psiquismo*, Editora Aliança, do mesmo autor.

43

Rio de Janeiro/GB/Agosto/1974

259 — Tendo terminado a Escola de Aprendizes com grande proveito não compreendo quando vejo colegas meus voltarem aos vícios antigos e à vida irresponsável que tinham antes. Que acontece? É favor explicar.

R — *Duas palavras podem explicar isso: falta de sinceridade e de integração no esforço feito. O esforço feito não atingiu o próprio Espírito, permanecendo no campo unicamente intelectual.*

Isso é inevitável nestes casos, porém não invalida a ação da Escola, nem sua capacidade de operar nos Espíritos as transformações morais, de sentido evangélico, produzidas pela reforma íntima, porque, se há alguns infelizes que degeneram e decaem após serem discípulos, a grande maioria deles permanece fiel aos ensinamentos e se conduz com grande segurança no caminho reto e justo das testemunhações dignificantes.

Se os primeiros citados não se deixaram penetrar no verdadeiro sentido espiritualizante da Escola, por não estarem ainda maduros para esforço deste tipo, outros muitos o estão, engrandecem suas vidas, apressam sua evolução, se redimem de seus passados e de suas imperfeições ainda existentes, libertando-se e promovendo-se para uma vida espiritual mais perfeita e mais alta.

Felizes aqueles que passam pelas provas em si mesmos e se projetam na vida espiritual como discípulos fiéis e sinceros do Divino Mestre; isso prova que são dignos do que conquistarem com suas próprias forças.

260 — Faz tempo que estudamos e discutimos, sempre sem poder compreender, o ensinamento do Livro dos Espíritos: que alma é o espírito encarnado. Pode esclarecer?

R — *É natural que haja dificuldades neste conhecimento. A divisão do ser encarnado em três partes: espírito, perispírito e corpo físico, sabiamente ensinada, incluiu no perispírito todos os elementos da área do psiquismo humano. Essa definição naturalmente que visava evitar confusões com outras doutrinas existentes.*

Hoje, entretanto, com o passar do tempo, a possibilidade de confusões não mais existe, porque todas as doutrinas já estão disseminadas e se percebe que todas mais ou menos dizem as mesmas verdades, com maior ou menor expressão.

Em nosso livro Passes e Radiações, *para poder situar os chacras ou Centros de Força que animam o metabolismo psíquico humano, foi preciso introduzir o conhecimento do Corpo Etéreo, referências estas logo depois confirmadas nas obras do notável instrutor André Luiz, a quem tanto se deve pelos conhecimentos novos que trouxe sobre a vida após a morte.*

No referido O Livro dos Espíritos *a definição: alma é um espírito encarnado — é repetida várias vezes no capítulo V, evidenciando a circunstância de que o termo se aplica ao espírito quando ligado ao corpo físico, ligação essa que não pode ser feita sem elementos intermediários.*

No espírito desencarnado essas ligações são feitas diretamente do espírito para o Perispírito e vice-versa, através da Mente, sem necessidade de um terceiro elemento chamado "alma". Disso se conclui que alma é tudo isso ao mesmo tempo (uma simples questão de nome) ou então é o elemento não considerado (por força de conveniência de momento), isto é, o Corpo Etéreo, que forma o "fantasma" que se desagrega do Perispírito com a morte física.

44

São Paulo/Capital/Outubro/1974

261 — Decidi entrar para a Escola do Evangelho e um amigo emprestou-me o 1° volume do ensino[9], mas não vi nada da

[9] Atualmente os 9 volumes estão reunidos em um só: *Iniciação Espírita*. (Nota da Editora)

Codificação de Kardec; e há também exigências de eliminação de vícios como o fumo. Por que tanto? É obrigatório isso?

R — *Essa Escola não foi criada para estudo da Doutrina Espírita, que é feito em cursos apropriados, fora dela, ou em leituras particulares; mas sim para auxiliar os aprendizes a realizarem sua reforma íntima sendo, por isso, obrigatória a vivência do Evangelho de Jesus e não somente seu conhecimento teórico.*

Não há obrigação alguma dos espíritas entrarem para essa Escola a não ser aqueles que desejam aperfeiçoar e apressar sua evolução, dando neste mundo testemunho e exemplificação do que o Evangelho exige. Esta é a razão porque precisam eliminar os vícios, pois, se não o fizerem, não terão força moral para essa testemunhação.

A matéria que consta da parte de conhecimentos teóricos que estão publicados na série de livros, da qual o confrade examinou o n° 1, visa dar conhecimento da tradição religiosa no mundo, conhecimento da natureza, da origem e do fim do espírito encarnado, tudo aquilo que se refere ao aprendiz como espírito encarnado e aos seus semelhantes, encarnados na Terra desde os tempos chamados pré-históricos até hoje.

Quem não deseja fazer sua purificação espiritual pela reforma íntima e dedicar-se ao serviço do próximo, não se matricula ali e pode agir por si mesmo, fora dela, escolhendo os setores da Doutrina (filosófica ou científica) que mais lhe agrada.

Mas é bom saber que sem evangelização o progresso espiritual não se efetiva, porque ela é que assegura a redenção humana.

262 — Como o irmão aceita o problema do corpo de Jesus? Correm muitas opiniões e qual será a mais certa?

R — *O corpo do Divino Mestre, cuja natureza tem servido de* *pomo de divergências entre cristãos desde muitos séculos, é um dos assuntos que se consideram de controvérsia doutrinária, passíveis de discussões; mas os espíritas se preocupam em demasia com ele e com as diferentes versões que em nada afetam a grandiosa obra de amor e de redenção por Ele promovida na Terra.*

Tanto faz que tenha sido um corpo impassível, ou outro simplesmente fluídico; um corpo comum de carne como muitos querem, ou outro de matéria física diferente; o que mais interessa saber é que os homens crescem na conquista das virtudes morais e da sabedoria da conduta pessoal quando evangelizada.

Na Escola de Aprendizes do Evangelho, como é sabido, desde seu início, em 1950, este foi declarado assunto aberto à inspiração de cada aluno, mas também explicado que Jesus certamente que possuíra um corpo de matéria altamente sensível e purificada (e não poderia ser de outra forma porque um espírito como Ele, de tamanha pureza e elevada vibração espiritual, não suportaria as vibrações pesadas e grosseiras de um corpo humano comum), e grande sacrifício provavelmente lhe custou utilizar esse corpo, mesmo quando mais sensível, segundo a forma humana comum.

Esse corpo purificado Jesus herdara de seus Progenitores, previamente selecionados pelo Alto e dotados de condições físicas e morais apropriadas ao caso.

No túmulo, como também foi ensinado, esse corpo, martirizado na cruz, foi consumido e desfez-se nas fulgurações luminosas que desceram sobre o sepulcro, no momento em que ali se realizava uma concentração de preces por amigos e servidores seus, a mesma fulguração que derrubou a pedra que fechava o túmulo e rompeu os selos nela colocados pelos agentes do Sinédrio.

Isso aconteceu assim, justamente porque não se tratava de um corpo de carne comum, igual ao nosso, de vibração pesada e densa.

45

São Paulo/Capital/Novembro/1974

263 — No centro que freqüento com minha família e recebemos ensinamentos, dizem que é preciso fazer vibrações e preces para os doentes, mas penso que é a mesma coisa. Estará certo?

R — *Para responder vamos explicar os termos:*

Vibração, como doutrinariamente se define, é um ato mental e sentimental conjugados: o Espírito encarnado, pela ação da vontade, emite, através da mente, ondulações energéticas para benefício de determinada pessoa necessitada, em presença ou a distância. Nos casos de cura, por exemplo, a emissão é para socorrer doentes e necessitados em geral e, se for feita com amor e desejo firme de obter os resultados esperados, as ondulações vibratórias terão muito maior intensidade e os efeitos serão muito mais positivos.

Para isso, o Espírito doador movimenta os sentimentos que atingem o alvo na forma de calor e luminosidade, sendo os melhores possíveis, os resultados do atendimento.

Não confundir, porém, esse tipo de vibração com outra, material, mecânica como, por exemplo, a de uma corda de violão que se distende e depois se solta, fazendo vibrar o ar ambiente, produzindo som mais alto ou agudo, segundo a amplitude da distensão e a rapidez das oscilações da corda ao voltar a seu ponto de estabilidade anterior.

E quanto à prece, esta é também uma projeção mental e ao mesmo tempo um arroubo da alma, expressando um desejo, ou uma súplica que se dirige a poderes espirituais mais elevados e que, conforme sua intensidade e pureza, atinge regiões mais altas ou menos altas, na subida para sua meta.

Se a prece for simplesmente mecânica e não tiver vibração sentimental que baste, não conseguirá romper a massa escura e densa da atmosfera, não atingirá o alvo visado e não produzirá os efeitos que desejamos alcançar.

46

São Paulo/Capital/Maio/1975

264 — Aconselhada por uma amiga, fiz o curso da Escola de Evangelho com muito boa vontade, não perdi aula, mas não terminei, porque as exigências eram demais e meu marido também desistiu de freqüentar, quando viu que eu desisti. Por que não abrandam mais, para a gente freqüentar melhor?

R — *O rigor da Escola é a garantia do aproveitamento do aprendizado e a facilitação para aumentar o número de aprovados é medida contrária e oposta à própria finalidade da Escola que é "preparar trabalhadores evangelizados para o serviço do Divino Mestre na Terra".*

Quem não efetua com perseverança os esforços da reforma íntima, não tem qualidades para o trabalho em vista, pois que a investidura de discípulo obriga o aprendiz a viver mais para os semelhantes que para si mesmo.

Medite melhor e tente de novo.

Rio de Janeiro/RJ/Maio/1975[10]

265 — Até que ponto se pode confiar nas comunicações mediúnicas?

R — *Não há medida certa nem regra fixa na multiplicidade das circunstâncias a considerar, mas há condições e princípios que*

[10] Em 15 de março de 1975 ocorreu a fusão do estado da Guanabara com o estado do Rio de Janeiro. (Nota da Editora)

podem assegurar autenticidade, até certo ponto. Dentre estes, o mais positivo, quanto à qualidade, é este, segundo o qual, o médium evangelizado, moralmente formado, que já superou paixões inferiores e interesses mundanos perecíveis, esse, merece respeito e credibilidade.

Notadamente os que fizeram os cursos de médiuns e a Escola de Aprendizes do Evangelho com real proveito, em casas espíritas de confiança, na competência e na fidelidade doutrinária, esses merecem confiança, porque por eles os espíritos responsáveis conseguem manifestar-se com mais desembaraço e segurança.

47

São Paulo/Capital/Julho/1975

266 — Pode nos dizer por que a gente fecha os olhos quando concentra?

R — *Para se concentrar melhor e fugir da movimentação do ambiente exterior. Sem dúvida que é por isso. Com os olhos fechados a gente se concentra mais facilmente, porque se recolhe em si mesmo, esquecendo o mundo e buscando a Deus. Mas não se deve olvidar que tudo isso é relativo, porque com olhos abertos podemos também ver Deus e sentir Deus por toda parte, em tudo que nos rodeia, de bom e de mau, de feio ou bonito, de claro ou de escuro, porque esta é a Sua criação, contaminada embora pelas impurezas e maldades humanas, a nós cabendo separar o joio do trigo, para que possamos estar, ao mesmo tempo, nas duas realidades, do material e do espiritual.*

A concentração, como a meditação são atos interiores da alma, que independem do mundo exterior; mas, qualquer condição ou elemento exterior que concorra a facilitar essas realizações, pode ser utilizado sem preocupações, sobretudo por aqueles que ainda não têm, da vida interior, maior controle.

267 — Favor dizer a diferença que há no carma, no resgate e na provação.

R — *Carma é a conseqüência de nossos pensamentos e atos, face à lei de Causas e Efeitos, intimamente vinculada às reencarnações anteriores. Resgate é o ato de sofrermos a ação da lei, para nos redimirmos de dívidas passadas. Provação é um sofrimento produzido por qualquer transgressão de leis físicas ou espirituais, que pode concorrer, no campo moral, ao nosso adiantamento espiritual.*

268 — Essa Escola de Evangelho que estão abrindo oferece alguma diferença para nós, se nos matricularmos nela?

R — *Evangelizar para evoluir mais depressa é o lema inalterável das Escolas de Aprendizes do Evangelho que visam, primeiramente, preparar e desenvolver a conscientização dos aprendizes, tendo em vista suas futuras responsabilidades como discípulo; e, depois, promover sua espiritualização, com base na vivência evangélica, conforme os ensinamentos de Jesus; e, por fim, sua redenção, segundo eles possam demonstrar, na exemplificação das tarefas que terão que desempenhar após a terminação do curso e, sobretudo, segundo os resultados que colherem no esforço individual da reforma íntima.*

Mas, perguntarão: para que tudo isso?

Respondemos: para que os aprendizes, futuramente, pelo próprio esforço, se libertem dos sofrimentos e da materialidade da vida neste mundo inferior que é a Terra, evoluindo mais depressa.

48

São Paulo/Capital /Setembro/1975

269 — Peço explicar o que significa que somos feitos à imagem e semelhança de Deus. Nós não compreendemos isso.

R — *Não conhecemos nada que a rigor justifique a declaração, nem cremos que isso seja possível, a não ser num ponto que pode ser comum e que é este: Deus cria mentalmente e os seres humanos também possuem esse atributo. O que parece mais certo é o seguinte: os homens, não podendo compreender a Deus, imaginam-no como um ser semelhante a eles, parecido com eles e até mesmo com seus próprios defeitos. Os homens, portanto, é que fazem Deus à sua própria imagem e semelhança. Deus é espírito e nós também somos, mas isso não basta mesmo porque a imagem de Deus não é do nosso conhecimento...*

Rio de Janeiro/RJ/Setembro/1975

270 — O que acontece com o Espírito nos transportes?

R — *Primeiramente retificamos a pergunta para dizer que o mais acertado é "desdobramento" e não "transporte", que é termo usado na fenomenologia de efeitos físicos, para referir o transporte de objetos de um local para outro.*

Nos desdobramentos, nem sempre o Espírito está presente como, por exemplo, nos casos de exteriorização unicamente do corpo etéreo quando, então, a consciência é precária e a sensibilidade física é apreciável.

Quando é completo, isto é, quando o Espírito se desdobra no seu envoltório completo, a consciência também é completa, como também a capacidade de visão, de locomoção e de raciocínio nos ambientes em que se encontra.

271 — Todos falam que a vida do mundo tem data marcada para terminar. Como podemos entender isso?

R — *A evolução na Terra se processa em ritmo e tempo determinado, formando períodos evolutivos seqüentes, cada qual com suas características intrínsecas e históricas.*

O atual ciclo é o "de Jesus", que se marca a partir do seu nascimento até o fim deste século. Neste período, os valores espirituais predominantes na evolução humana são os transmitidos por Ele, como constam (salvo interpolações existentes), do Evangelho cristão.

Para entender melhor, é preciso saber que este ciclo que vivemos e que está a esgotar-se, começou com o signo de Piscis (Peixe) do Zodíaco e termina no ano 2000, com a entrada do signo de Aquário.

O Zodíaco é um calendário estabelecido pelo patriarca Rama, na Índia, há vários milênios, contendo doze casas ou signos (sinais) cada um com milênios de duração.

O signo de Jesus caracteriza-se por amor, perdão e redenção, enquanto que o de Aquário (que vai entrar), por paz, fraternidade e conhecimento de Deus.

Nota: O Espiritismo não difunde esses conhecimentos como importantes, mas conhecê-los é requisito de cultura geral, que todo espírita que se preza deve possuir e que em nada afeta sua crença doutrinária.

49

Belo Horizonte/MG/Novembro/1975

272 — No seu livro *Os Exilados da Capela* o irmão diz que os Espíritos capelinos que encarnaram conosco naquele tempo, depois de viverem aqui, regressaram. Como podemos entender isso?

R — *Os Espíritos capelinos pertencem a uma civilização espiritual mais adiantada que a nossa e os que aqui nasceram como exilados ficaram incompatibilizados com aquela humanidade mais perfeita.*

Mas, na mesma ocasião e pelos mesmos motivos de ajuda à

nossa humanidade inferior, vieram e encarnaram também Espíritos capelinos de maior evolução, para melhor orientação de todos.

Estes, mais adiantados, é que impulsionaram a humanidade terrena, orientando-a, estimulando-a, desenvolvendo seus conhecimentos, construindo monumentos e obras notáveis que até hoje existem para admiração nossa.

Após terminada sua tarefa, regressaram à pátria espiritual.

A outra parte, menos dotada, em contato com os habitantes da Terra, foram se misturando com eles, e deixando-se dominar pela materialidade deles. E a degenerescência do corpo físico trouxe o embotamento dos sentidos psíquicos, transformando-se eles em seres humanos comuns, porém dotados de conhecimentos intelectuais mais avançados. Com o tempo, recuperando-se da queda anterior, também regressaram.

Santa Catarina/1975

273 — Sou velho espírita e trabalhamos aqui, na residência, em trabalho de doutrina e agora estão dizendo que hoje não é mais assim, não precisa de mesa. Peço resposta.

R — *Nada impede que continue a trabalhar em sua residência como tem feito até hoje.*

O termo "espiritismo de mesa" pegou porque, no princípio, os trabalhos eram feitos com dirigentes, médiuns e freqüentadores, todos sentados em volta de uma mesa que, às vezes batia os pés, movia-se de um lugar para outro, levitava-se, etc. Mais tarde surgiu o termo "mesa branca", para diferenciar dos trabalhos de terreiro; mas com a organização da Federação Espírita do Estado de São Paulo em 1940, o afluxo de necessitados levou à abolição definitiva do velho hábito e, a partir daí, dirigentes e auxiliares ocupam mesas, balcões e tribunas colocados sobre estrados, em separado dos assistentes, como é lógico e natural, e somente em casas de movimentos mínimos e residências particulares, permanece o velho hábito de sentarem-se todos ao redor de uma mesa.

50

Santos/SP/Fevereiro/1976

274 — Quando a gente enferma e o corpo não sara o que é que se pode fazer?

R — *Primeiramente é necessário compreender bem o problema.*

Todo esforço que fizermos, todo sofrimento que sofrermos, são provações que se compensam com os benefícios que deles resultam para nós.

Jesus morreu sofrendo, para ensinar, que neste planeta inferior em que vivemos, encarnamos justamente para fazer esses resgates de dívidas do passado, com o que purificamo-nos e libertamo-nos.

E quando sofremos estamos justamente vivendo esses ensinamentos; e quando nosso sofrimento beneficia outras pessoas, ainda assim os beneficiados somos nós porque, da mesma forma, damos esse testemunho do Mestre.

O melhor, portanto, ao invés de reclamar, o que se deve é pedir forças para suportar a prova e agradecer a Deus por conhecermos a verdade sobre este doloroso problema evolutivo.

Nos sofrimentos, os Benfeitores espirituais estão sempre presentes, vendo o que se passa e se, mesmo assim, continuamos a sofrer, é porque isso é o que mais convém ao nosso adiantamento espiritual.

Os Benfeitores sempre ouvem nossas preces e ajudam no que podem, mas nunca interferem afastando a provação, para não prejudicarem nosso esforço de purificação.

O ensinamento fundamental é este: deveríamos amar o

sofrimento porque é por ele que nos libertamos mais depressa e nos adiantamos nos caminhos de nossa evolução.

51

São Paulo/Capital/Fevereiro/ 1976

275 — A respeito do pecado contra o Espírito Santo, pode dar alguma explicação?

R — *Esta frase consta de Mateus 13:32, Marcos 3:29 e Lucas 12:10, como advertência, sem mais explicações.*

Em relação ao nosso planeta, qualquer espírito encarnado ou desencarnado pode ser classificado, grosso modo, como bom ou mau. Aquele que é chamado Espírito Santo, pela importância que tem, a ponto de não poder ser perdoado quem o ofenda, deve possuir altíssima condição hierárquica, acima de qualquer outra conhecida e isso já é bom elemento de compreensão.

Segundo revelações respeitáveis, não se trata de uma Entidade divina, propriamente dita, mas de "irradiação direta" *de Deus, interferência direta do Plano Divino no mundo material; manifestação divina aos seres humanos em dadas circunstâncias e diferentes maneiras.*

Para outros autores, o Espírito Santo é a própria mediunidade, ligando os homens ao Plano Divino. E "pecado contra o Espírito Santo" *é coisa difícil de determinar, mas subentende-se como o ato de blasfemar contra Deus e suas leis, utilizar a mediunidade para fazer o mal, perverter inocentes, desviar dos rumos certos, atentar contra o livre-arbítrio, concorrer para espalhar a descrença em Deus.*

Não há, portanto, definição limitada e restrita.

52

Rio de Janeiro/RJ/Março/1976

276 — Jesus é Deus?

R — *Assunto já explicado nas respostas às perguntas 3 e 95.*

277 — Sexo e disciplina?

R — *Nas esferas espirituais, o que respeita as atividades referentes ao sexo, reflete-se em nosso mundo inferior, na sua feição deformada, como aqui o sentimos e praticamos.*

Para compreender, usar e disciplinar o sexo, esse atributo humano como aqui se apresenta, são necessários conhecimentos adequados, alta noção de responsabilidade moral, forte vontade e ainda, um aprendizado educacional que venha da infância e se reflita na vida como adulto, para que o ser humano se conduza com retidão e sensatez.

O conhecimento mais profundo do Espiritismo em parte concorrerá para essa compreensão mais perfeita, sobretudo se o adepto se devotar à sua reforma íntima, na Escola de Aprendizes do Evangelho, para que o potencial de amor que existe originariamente na centelha divina, em sua pureza, seja então desenvolvido e utilizado, já agora como atributo natural e espontâneo do espírito que evoluiu e se engrandeceu face à verdade e assegurou a si mesmo a possibilidade de regresso, mais pronto e livre às origens divinas, nos planos sublimes do Reino de Deus.

278 — Tempos finais?

R — *Nos planos espirituais os Espíritos responsáveis desdobram suas atividades protetoras da Terra, porque ela está se aproximando dos momentos difíceis do selecionamento cíclico da humanidade.*

Controlam ventos, tempestades, alterações de clima, giro na órbita, e outros fenômenos naturais, para evitar catástrofes, principalmente nas zonas geladas dos pólos e altas montanhas, que estão sofrendo um processo lento de aquecimento, que pode originar inundações e maremotos, ocorrências estas que devem ser vigiadas.

Esse trabalho de vigilância é imenso e o próprio homem ainda lhe acrescenta dificuldades, promovendo distúrbios ecológicos nas águas, na atmosfera e na crosta do planeta, destruindo a vegetação, poluindo os elementos naturais indispensáveis à mantença da vida, aumentando a ocorrência da fome e das doenças, cuja tendência nestes dias é a de se generalizarem.

Os protetores cósmicos anunciam também que além dos cataclismos esperados para este período, ondas de luz fulgurante varrerão a Terra nos tempos altos do selecionamento, devendo sobreviver aqueles que tiverem méritos espirituais.

Nessa ocasião os perispíritos deixar-se-ão envolver por afinidades vibratórias, pela sombra dos impuros como, da mesma forma, pela luz dos mais evoluídos; e isso os distinguirá na separação do joio e do trigo, do bem e do mal, nos dois planos.

279 — Auxílios do Plano Espiritual? Como serão?

R — *Os benfeitores espirituais são assíduos em explicar que se não lhes oferecemos vibrações individuais compatíveis e ambientes espirituais harmoniosos, não poderão se aproximar de nós, pois que sua presença junto a nós exige afinidade vibratória.*

Já não são poucas as dificuldades que encontram para descerem ao ambiente terreno pesado, tumultuoso e hostil, devendo ainda vencer inferioridades individuais de vibrações negativas e fluidos muitas vezes deletérios e repulsivos.

As pessoas possuidoras destas condições negativas não podem esperar atendimento a suas necessidades, porque não tem condições espirituais para merecê-las.

Os Espíritos em geral acodem às solicitações dos encarnados mas, nestes casos de ambientação ruim, o auxílio que podem dar é muito menor que aquele que dariam se houvesse preparação prévia e condigna para receber a ajuda.

280 — Espírito e corpo fisico? Relações com a família.

R — *É regra geral dizer-se: o espírito de José; meu espírito está perturbado, etc.; mas a verdade é que ninguém tem um espírito como tem um corpo físico. José não tem um espírito, pois que é o próprio Espírito; meu espírito não está perturbado pois que meu espírito sou eu mesmo, eu é que estou perturbado. Posso dizer que meu psiquismo está perturbado, ou meu corpo físico está cansado, mas será errado dizer meu espírito está desanimado, está triste, porque na realidade eu é que estou desanimado ou triste.*

O lar terrestre é uma viva representação da vida que levaremos no Plano Espiritual após o desencarne.

Como muito bem disse um devotado Instrutor espiritual: "O lar não é somente o local onde nos abrigamos das intempéries, onde nos alimentamos e dormimos. O lar é a primeira igreja, a primeira escola, assim como a primeira e querida pátria".

Poucos cumprem essa missão de aprimoramento, agasalho e valorização do ser humano, no aconchego amorável, no apoio e segurança representado pelos pais, no exercitamento da fraternidade entre irmãos, parentes e amigos.

E quem porventura não tenha lar, certamente porque o desprezou ou conspurcou em vidas anteriores, pode compensar a falha trabalhando para construir um seu, próprio, onde agasalhará a família que constituir na vida presente. A experiência própria da privação sofrida por certo permitirá que conquiste, neste de agora, as alegrias e as luzes conquistadas pelo sofrimento.

281 — Iniciação evangélica. Qual a diferença?

R — *Um centro espírita quando bem dirigido é uma verdadeira escola de iniciação espiritual, já o dissemos antes.*

Inúmeras podem ser as iniciações, sendo a própria vida uma iniciação em campo mais vasto; mas, no campo religioso, destaca-se a iniciação evangélica de base espírita, pelo seu poder de autoconscientização, de purificação e de preparação psíquica, única descaradamente eficiente tendo em vista, como imperativo moral, o exercício do bem, acima de interesses pessoais exclusivos.

Essa iniciação evangélica exige transformações íntimas profundas como preparação individual para as realizações do amor no campo coletivo sendo, portanto, essencialmente cristã.

As iniciações psíquicas mais conhecidas desenvolvem poderes pessoais e não virtudes morais, a serem postas ao serviço dos semelhantes, sendo esta a forma prescrita por Jesus.

Paulo ensinava que sem caridade não há salvação, isto é, não bastam realizações simplesmente intelectuais, mas pode-se completar o pensamento do grande missionário cristão dizendo que a caridade, como ato, não é o fim da iniciação espiritual, mas uma simples manifestação dela, porque a caridade é uma forma de amor, e o benefício nunca é dado restritamente, mas sim a necessitados em geral, sendo este o fim perfeito a atingir, porque o Evangelho de Jesus é de aplicação universal e não particular ou sectária.

Os que assim entendem ou sentem o problema mostram que já amadureceram para a vivência evangélica, sem a qual nada se fará de definitivo no mundo.

53

Rio de Janeiro/RJ/Abril/1976

282 — Sem gabolice digo conhecer o Espiritismo e estou cansada de estudar e ler mas nada adianta, estou sempre angustiada e até na Umbanda já fui. Pode o irmão dar novas esperanças?

R — *O conhecimento intelectual por si só não gera realizações no campo interno que, aliás, são indispensáveis. A finalidade do conhecimento teórico é conduzir o iniciante ao campo fecundo das realidades espirituais. Essas realidades, entretanto, só se tornam leis em nossa vida, rumo, diretriz a seguir com confiança, quando as realizamos em nós mesmos, no nosso íntimo, conscientemente.*

Conhecimento é uma coisa, realização espiritual positiva e viva, é outra coisa. O conhecimento teórico pode viver sua vida sem, todavia, realizar algo de positivo e atuante no campo espiritual.

O esforço de evangelização pela reforma íntima é a realização mais perfeita e preciosa que podemos levar a termo em nossa atual encarnação.

Santos/SP/Abril/1976

283 — Residimos aqui em Santos faz muito tempo e organizamos um grupo de estudos mas não vai nada bem. A turma só gosta mesmo é de freqüentar reuniões de terreiro e receber favores. Queremos trabalhar e pedimos conselho.

R — *O preconceito e a ignorância existem por toda parte, mas a Doutrina tem recursos para todas as dificuldades. No seu caso o melhor será praticar o Espiritismo religioso, onde encontrarão muito material de trabalho objetivo e ao mesmo tempo, edificante. Devem continuar com os estudos doutrinários, que são sempre necessários. Estudem os passes e criem um curso para sua praticagem como primeiro passo para os demais trabalhos de cura espiritual. Para todos os casos escrevam para a Aliança Espírita Evangélica, Rua Francisca Miquelina, 259, Bela Vista, São Paulo,*

Cep 01316-000, onde encontrarão programas e conselhos proveitosos.

Não se preocupem com opiniões de terceiros ou com dificuldades, que sempre existem; lancem-se ao trabalho com bom ânimo e colherão bons resultados, dentre os quais os melhores são os esforços abençoados de servir desinteressadamente os necessitados.

São Vicente/SP/Abril/1976

284 — Tudo para nós em casa vai mal, e não sabemos mais como fazer. Peço suas preces.

R — *Como Deus é amor, que eternamente irradia para toda sua imensa criação, para cuja vida e funcionamento estabeleceu leis sábias e justas, não há porque nos preocuparmos e temermos o mundo ou a vida, pois tudo está regulado com sabedoria e bondade; mas cumpre-nos procurar conhecer e respeitar essas leis, mantendo-nos afastados das atrações enganosas do mundo material que de Deus nos afastam.*

Deus é nosso criador e por isso devemos glorificá-Lo com nossa conduta reta e perfeita, amando-O sobre todas as coisas. Somos uma partícula de Deus evoluindo na matéria e assim Ele está sempre presente e conhece todas as nossas dificuldades.

Nem é necessário e justo que nos desesperemos quando as coisas não vão para nós conforme desejamos, porque o que desejamos, na nossa cegueira espiritual, nem sempre é o que mais convém à nossa evolução.

Não transgredindo Suas leis e mantendo com Ele comunhão permanente de pensamentos e sentimentos e trazendo sempre o Divino Mestre Jesus em nosso coração, basta que prossigamos nos rumos traçados, aguardando confiantemente, porque o que é nosso virá às nossas mãos no devido tempo.

Estudem e pratiquem o Evangelho de Jesus e tudo irá bem.

Rio de Janeiro/RJ/Maio/1976

285 — O assunto que nos leva ao irmão é pedir que esclareça sobre o Bem e o Mal, que a gente discute mas não tem nunca certeza.

R — *Deus cria os seres habitantes dos infinitos mundos para a paz, o amor e a felicidade não para a desgraça. Marca-lhes rumos certos no sentido da fraternidade universal, pela boca dos missionários que baixam à Terra periodicamente; e a todos dá oportunidade de evoluir, visando a perfeição em mundos mais adiantados.*

Dá-lhes, além disso, liberdade para agir por livre vontade, colhendo cada um o fruto do que semeia na seara imensa dos mundos por onde evolui.

Como essa evolução é progressiva, os seres sobem através de uma escala ascendente, de mundos inferiores para outros mais altos, de conformidade com leis preestabelecidas.

Mas, pela ignorância inicial, praticam erros e deles não se libertam, sofrendo as conseqüências próprias. Se perseverarem nos erros, aprazendo-se neles de forma rebelde, passam a ser agentes do Mal que é o que exemplificam —, afastam-se dos caminhos do Bem e demoram tempo indefinido nas regiões inferiores e sombrias.

Nesses mundos baixos o Mal prepondera e os seres mais decididos, inteligentes ou audaciosos, assumem o comando dos mais fracos, escravizando-os e classificando-os, assim, como espíritos malignos, dotados muitas vezes de grande poder realizador nesse campo.

Assim o Mal se organiza e domina nos mundos criados, os espíritos mais dominantes se transformando em verdadeiros deuses das trevas e campeiam por toda parte, infelicitando a vida dos seres humanos.

A situação da Terra é esta mesma e as forças do Mal têm atrasado grandemente a evolução da humanidade, numa atuação de crescente intensidade, infelizmente.

O momento que vivemos é da predominância do Mal sobre o Bem que, conquanto passageira, existe todavia e exerce seu poder maléfico, porque a maior parte dos seres humanos insensatamente se afasta de Deus e se entrega às atrações enganosas do mundo material e do culto dos valores negativos da vida.

O Espiritismo veio para mostrar os caminhos do Bem e a base desse esforço é o Evangelho de Jesus, que deve ser entendido e exemplificado dia por dia, hora por hora, na vivência evangélica.

Os confrades que necessitarem de maiores conhecimentos sobre o assunto devem se inscrever na Escola de Aprendizes do Evangelho, cujos programas são realizados com perfeita segurança e fidelidade pela Aliança Espírita Evangélica, à Rua Francisca Miquelina, 259, Bela Vista, São Paulo, Cep 01316-000.

Curitiba/PR/Maio/1976

286 — Temos notícia de trabalhos de evangelização e desejamos fazer aqui o que fosse possível, porque aqui só se gosta de conferências e palestras. Como se pode fazer?

R — *Com a onda de descrença religiosa e de materialismo que se espraia pelo mundo como uma epidemia de amoralidade, desce a níveis muito baixos o número de pessoas que se preocupam com sua espiritualização, mesmo quando freqüentem igrejas e cultos diversos.*

A Doutrina dos Espíritos veio justamente para orientar, apontar caminhos, esclarecer, conquistar para a vida espiritual o maior número de seres humanos, mas os conhecimentos acadêmicos, por mais bem orientados que sejam, não resolvem o problema de evangelização, que é todo do Espiritismo religioso.

Essa onda negativa de materialismo afeta também nosso país, muito embora enaltecedora seja sua predestinação espiritual; e nas próprias áreas espíritas, é ainda pouco apreciável o número daqueles que se devotam a esse setor, que exige a vivência evangélica — e se inscrevem em cursos e escolas dessa dignificante formação, cujo tipo padrão é a Escola de Aprendizes do Evangelho, fundada em 1950 e que já lançou na comunidade social milhares de trabalhadores preparados para essa vivência sacrificial, mas redentora.

Nos dias que se aproximam, reações cósmicas e da própria Natureza vão se desencadear sobre nosso globo, trazendo sérias porém tardias apreensões a todos quanto negligenciaram o cumprimento dos ensinamentos do Divino Mestre, que se resumem na autopurificação e no exercício da fraternidade universal. Mas muita coisa ainda pode ser feita pelos que desejarem cuidar desses dois objetivos fundamentais, sendo aconselhável, acima de tudo a freqüência às escolas e cursos já referidos.

Na impossibilidade de fazê-lo, podem os interessados se dirigir à Aliança Espírita Evangélica, à Rua Francisca Miquelina, 259, Bela Vista, São Paulo, Capital, onde serão instruídos a respeito de como ultrapassar essa dificuldade.

54

São Paulo/Capital/Junho/1976

287 — Que se pode tirar de utilidade fazendo concentrações demoradas e preces mil vezes repetidas? Conheço muitas pessoas que fazem isso e em nada se vê alterar o procedimento. Pode esclarecer?

R — *Se a consulente toca neste assunto é porque se interessa em saber. Neste caso respondo como se o fizesse a um espírita.*

Provavelmente as pessoas às quais se refere, usam o intelecto e não a alma, não passando da superfície das coisas. Esta resposta pode servir também para elas.

Deus está em tudo, como um alento de vida, como o perfume em uma flor; tudo vê, tudo sente, tudo sabe. Nós somos uma partícula de Deus evoluindo na matéria e se, em nossas concentrações e preces, conseguirmos sintonizar com Ele, passaremos também a sentir e ver e saber muito mais além da nossa cegueira natural de seres encarnados e retardados.

A busca de Deus e a aproximação com Ele por meio da concentração e da prece, fugindo às neuroses e às maldades do mundo, somente nos engrandecem espiritualmente se formos sinceros, humildes e suficientemente penetrantes.

Tanto mais os seres humanos sintonizam com Deus, tanto mais capazes se tornarão de traduzir as Suas leis e interpretá-las aos semelhantes, agindo como mensageiros Seus, porta-vozes Seus.

Outra coisa a esclarecer é que a maior parte das preces visa pedir benefícios pessoais, ao invés de ter em vista sobretudo a comunhão com Ele e com nossos semelhantes em sentido universal.

E muitos fazem suas preces sem primeiramente limparem seu coração de suas maldades e suas mentes de seus pensamentos inferiores, muitas vezes maléficos ou egoístas. Que benefício esperam assim obter?

55

Rio de Janeiro/RJ//Julho/1976

288 — Havendo muita diferença nisso, peço esclarecer quando foi que nasceu o cristianismo e onde foi?

R — *Nasceu no dia do nascimento de Jesus em Belém, na Palestina, porque Ele foi e é a alma e a essência mesma desse movimento nobre e elevado de fraternização humana. Desde seus primeiros dias, por onde quer que andasse, ia semeando sementes dessa grandiosa plantação, e os que recebiam de suas mãos os* *benefícios da saúde, da consolação no sofrimento, da renovação da esperança e da fé, iam se agremiando e firmando, nos cenáculos domésticos, os futuros núcleos de sustentação das futuras atividades cristãs.*

Curitiba/PR/Julho/1976

289 — Temos em casa reuniões de família, gente de boa vontade, mas não se consegue união e há sempre desarranjos e perturbações. Peço aconselhar.

R — *Se não há união agora é que não havia união antes, nem compreensão, porque o trabalho de Jesus sempre une. Cuidem primeiro disso, fazendo reuniões de evangelho, cada um procurando melhorar, combatendo vícios e defeitos e procurando amar uns aos outros. Esse é o caminho certo, que assegura uma boa cobertura espiritual. Se houver sinceridade e desejo verdadeiro de seguir a Jesus, tudo mudará logo e poderão trabalhar em paz e em proveito para o próximo.*

56

São Paulo/Capital/Novembro/1976

290 — Freqüentamos sessões espíritas faz muito tempo, eu e minha esposa, mas penso não que não estamos aproveitando; não melhoramos em nada e, às vezes, pioramos. Não sei o que falta e pedimos o favor de dar ajuda.

R — *Seja Espiritismo ou outra qualquer religião, se não houver no coração do adepto o desejo íntimo de melhorar, progredir, o ideal de se aperfeiçoar moralmente e o esforço correspondente de realizar o desejo, ninguém pode evoluir; tudo fica em rotina, desânimo, estagnação. O simples fato de tentar e freqüentar* *trabalhos, públicos ou particulares, não resolve o problema, que depende também de outros fatores, mais positivos.*

Freqüentem uma casa espírita onde exista uma escola de evangelização bem administrada, com pouca teoria e muitas realizações práticas. O padrão alto desta espécie é a Escola de Aprendizes do Evangelho, que esclarece doutrinariamente, orienta, encaminha, ajuda o adepto a se transformar pela reforma íntima (que é fundamental) em um ser novo, espiritualizado, apto à testemunhação dos ensinamentos de Jesus na vida individual e coletiva.

Isso resolve suas dificuldades definitivamente.

Para maiores detalhes procure a Aliança Espírita Evangélica à Rua Francisca Miquelina, 259, Bela Vista, São Paulo, Capital.

Sorocaba/SP/Dezembro/1976

291 — Numa sessão espírita é obrigado doutrinar espíritos?

R — *Não é obrigatório tal trabalho, a não ser que se torne absolutamente indispensável. O sistema clássico das doutrinações por quaisquer motivos, como se fora uma praxe, pode ser substituído, com amplas vantagens, por trabalhos mais simples e mais rápidos.*

Há uma série de práticas que devem ser utilizadas antes que se chegue a essa necessidade extrema.

Um grande número de perturbações e envolvimentos espirituais podem ser eliminados com essas práticas mais simples, mais diretas, mais dinâmicas e mais concordantes com o vulto que tomam hoje os trabalhos das casas espíritas, onde o tempo disponível para cada caso se torna reduzido.

Caso se interesse por essas mudanças, pode voltar a escrever para esta mesma coluna.

57

São Paulo/Capital/Dezembro/1976

292 — Para andar bem certo no meu Centro, desejo que o irmão nos diga como se deve encarar quando uma sociedade espírita aceita somente um dos caminhos da Doutrina e não aceita outro; aceita um ensinamento e não aceita outro?

R — *Em ambos os casos, há procedimentos errados; da nossa doutrina* ***devemos aceitar*** *os três aspectos fundamentais que formam sua estrutura e são: o científico, o filosófico e o religioso, com os ensinamentos que vieram pela Codificação de Kardec e por outros respeitáveis autores mediúnicos. Preferir e praticar um e não outro dos três aspectos citados, porque se gosta mais de um que de outros, está no direito de cada um, desde que, bem entendido, se aceite o conjunto global da doutrina e não se rejeite nenhum quanto aos ensinamentos, optando sempre por aquilo que julgamos o mais certo, após a devida análise e observação de resultados. O ponto alto porém é o Evangelho.*

Sorocaba/SP/Dezembro/1976

293 — Tenho uma vidência que me veio assim de improviso. Li os livros sobre mediunidade, inclusive o *Mediunidade*, de autoria do Irmão, mas aqui não temos mesmo possibilidade de desenvolver e progredir. Podemos abandonar? No caso de penúria de recursos, acho justo deixar para quando Deus ajudar. Estou errada?

R — *1) Se leu o livro citado, como afirma, não seria necessário fazer a pergunta, porque a resposta está ali bem clara no texto; 2) Mesmo com a penúria alegada, bem que poderia freqüentar uma casa espírita onde melhor se sentisse, iniciando com um trabalho leve (preces, vibrações, estudos de evangelização, etc.). Ou ainda, reunir uns companheiros afins e seguir as instruções do livro, de* *nossa mesma autoria,* Desenvolvimento Mediúnico, *que é essencialmente simples e prático. Pode voltar, se for preciso, que orientaremos.*

58

São Paulo/Capital/Fevereiro/1977

294 — Como membro da FDJ, desejo conhecer, com mais detalhes, o motivo da hora — 22 — que a Aliança marcou para se fazer a "Vibração pelo Bem Universal". Por que não mais cedo?

R — *A esse companheiro, que declara ser discípulo, podíamos dizer que se fosse mais cedo, encontraríamos menos gente desligada de compromissos, inclusive domésticos; e, se fosse mais tarde, encontraríamos ainda menos gente acordada (mormente proletários, que são a maioria), dispostos a fazê-la.*

Poderíamos também dizer que, com esse horário, estaríamos seguindo uma tradição que vem do próprio Divino Mestre, que a essa hora fazia a sua última das três concentrações habituais diárias.

Mas a razão principal é que esse horário é o que foi sugerido por nosso irmão maior Bezerra, logo nos primeiros dias da Aliança, ficando valendo também para as Escolas de Aprendizes do Evangelho e médiuns.

A essa hora, além do motivo principal, sempre encontraremos grandes possibilidades de comunhão com o plano maior, inspirações e auxílio para solução dos problemas e dificuldades que são comuns a todos nós.

59

São Paulo/Capital/Setembro/1977

295 — Em publicações assinadas pelo Irmão, aprendemos que os "Elementais" não podem evoluir fora do seu reino natural. Quer dizer que dali não passam. Está certo isso?

R — *Os conhecimentos gerais espiritualistas, até há poucos anos, sempre declaravam como certo esse conhecimento. Em um livro de contos que publicamos em 1939 sob o título* Contos Espiritualistas, *no capítulo "Uma história sobre os Elementais", referimo-nos a essa teoria, acrescentando, porém que, em certos casos, poderiam evoluir na espécie humana.*

Essa ressalva simplesmente literária já mostrava que não aceitávamos a teoria dessa estagnação evolutiva, e hoje, conhecimentos mais atualizados, veiculados por Instrutores espirituais de elevada condição, indicam que os elementais, classe de seres sub-humanos, podem também evoluir no reino humano, progredindo e aperfeiçoando-se espiritualmente, como todos os seres vivos.

Esta revelação, vinda de autoridades espirituais autorizadas, mostra que a atual espiritualização dos homens já evoluiu o suficiente para receber tais conhecimentos, até aqui não transmitidos.

60

São Paulo/Capital/Janeiro/1978

296 — Peço que me informe sobre o tratamento mediúnico com cores. Se haverá mesmo bom resultado.

R — *Nos trabalhos de curas espirituais, que têm grande desenvolvimento no Espiritismo, os médiuns devem prestar atenção às aplicações de cores (fluidos e vibrações), para poderem se* *assenhorear de conhecimentos como estes, de grande valor no campo do bem.*

Poderão organizar uma escala ou tabela das diferentes moléstias.

As aplicações para curas em geral, materiais ou espirituais, podem adquirir maior segurança e eficiência, utilizando-se cores adequadas a cada caso, porque cada órgão do corpo humano possui tonalidade vibratória própria e cor própria.

Determinada a vibração do órgão, a cor a empregar deve ser afim com a cor correspondente.

Os médiuns de cura devem estudar bem este assunto, para conhecerem as diferentes modalidades de aplicação cromoterápica. Para isso basta observar que cores os espíritos que se dedicam às curas empregam para os diferentes casos e, em caso de dúvidas, bastará solicitar-lhes que indiquem em cada caso as cores necessárias.

Estabelecida a sintonia na área do órgão doente, todo o organismo se harmonizará.

Para maiores detalhes consulte a monografia denominada Cromoterapia, *publicada em 1974 pela Editora da Aliança Espírita Evangélica, de nossa mesma autoria.*

61

Rio de Janeiro/RJ//Fevereiro/1978

297 — O espírita não deve aceitar os milagres como são ensinados por certas religiões nossas conhecidas. Devemos pensar mesmo assim?

R — *Esse ensinamento pode ser confirmado em termos, não completamente. Deus, nosso Pai e Criador, não necessita de milagres para manifestar sua presença ou seus poderes que nossos* *olhos, por mais vesgos que sejam, surpreendem por toda parte nessa Sua maravilhosa Natureza. Todavia, existem coisas e ocorrem fatos que ultrapassam o máximo de possibilidades que o conhecimento humano pode compreender, bastando citar a existência do próprio Deus Criador — causa sem causa, existência sem ligação alguma de origem anterior. Isso não é sobrenatural?*

E a portentosa energia que movimenta os universos, a mesma que faz brotar a semente, a mesma que o homem, com toda sua decantada sabedoria não consegue, nem pela rama, compreender? E a luz que nunca se apaga?

Não são coisas miraculosas? A mente humana trabalha noite e dia ininterruptamente, porque para o espírito, a partir de determinado grau evolutivo, não há repouso intelectual. A ciência humana descarta como milagre tudo o quanto escapa à sua capacidade de compreensão e o mesmo fazem os dirigentes de religiões também humanas, até que, evoluindo, todos compreendam, purificando-se.

62

São Paulo/Capital/Julho/1979

298 — As doenças prolongadas e a fraqueza física indicam resgates a fazer nesta encarnação por espíritos devedores?

R — *Podem indicar resgates se forem congênitas ou permanentes, mas não querem dizer que se trata de provações de espíritos retardados, porque há resgates que são algumas vezes de culpas muito anteriores ao grau evolutivo que a pessoa apresenta hoje.*

299 — O homem sadio, ativo, de aspecto atraente, indica espírito mais evoluído como ensinam alguns escritores?

R — *Nem sempre. Existem homens sadios, ativos de boa*

aparência que podem ser espíritos atrasados e mesmo malignos. O que realmente distingue os espíritos é seu teor vibratório, a clareza e pureza de sua aura, que somente os mais elevados e evoluídos podem ostentar.

300 — Como se pode saber quando há resgate a cumprir?

R — *Como a Terra é planeta de expiação e de provas, pode-se afirmar que os males congênitos, os que se projetam sobre a pessoa sem serem provocados, aqueles que nos atingem e permanecem, tudo o que vem e fica e resiste a todos os tratamentos, fazendo sofrer, todos são sinais seguros de provações de resgate; mas, o meio mais simples e prático de se saber a verdade, é pedir informação aos benfeitores espirituais que nos assistem e que, mesmo sem entrar em detalhes mais íntimos, podem esclarecer, se o julgarem justo ou conveniente.*

63

São Paulo/Capital/Novembro/1979

301 — Conheço em Santo Amaro um centro espírita que faz trabalhos misteriosos, fora de nossa doutrina. São esquisitos, parecidos com magia mas os diretores dizem que é centro espírita e assim enganam muitos que vão lá. Que se pode fazer para isso?

R — *O espiritualismo é um campo muito vasto, onde cabem coisas erradas e certas, que criam raízes fundas e, nossa capital, cosmopolita como é, está saturada de agrupamentos que seguem as crenças mais diversas em plena liberdade e onde muitos médiuns perdem tempo precioso, que podia ser melhor utilizado na propagação dos ensinamentos mais legítimos.*

Mas nosso país assegura essa liberdade de crença, de pensamento e de ação devocional e somente pode haver interferências quando as práticas ofendem as leis e os bons costumes, ou se tornem suspeitas de propagar ideologias condenáveis.

Por outro lado, os Espíritos desencarnados atuam nesses agrupamentos como querem, através dos médiuns, que recebem e transmitem muita coisa inverídica, de pura superstição e fantasia, salvo poucas exceções.

E tudo isso é aceito pela crendice popular, devido à sua ignorância dos conhecimentos espirituais legítimos e verdadeiros.

E assim os espíritos suspeitos tomam conta dos ambientes e dominam, às vezes, os próprios dirigentes menos vigilantes, engolfados algumas vezes nas mesmas tramas rotuladas de verdade.

Estamos no limiar dos acontecimentos previstos para a passagem do século e devidamente avisados de que neste período conturbado muita coisa estranha e maléfica pode suceder, inclusive os desvarios de trabalhadores dignos de melhor sorte.

O Espiritismo não é uma religião organizada em moldes autoritários, nem também uma seita restrita, mas uma doutrina de caráter universalista, com amplas aberturas nos seus três setores operacionais de ciência, filosofia e religião; todavia somente neste último — o religioso — podem se fazer restrições, exigências de virtudes íntimas e de autopurificação, porque o Evangelho de Jesus, entendido e vivido em espírito e verdade, é código moral inalterável e intangível, que exige a reforma moral dos adeptos para assegurar uma evolução mais perfeita.

E esse rigor de aprimoramento moral é executado fielmente na Aliança Espírita Evangélica, que não aceita e não permite em qualquer de seus departamentos estruturais, desviamentos funcionais ou infidelidades no sentido evangélico das realizações: todos os seus componentes se comprometem e respeitam e executam os mesmos programas de trabalho, de conduta e de ensino.

Nada temos pois que ver diretamente com trabalhos exóticos executados em agrupamentos menos responsáveis, senão lastimar que existam; mas, é evidente que não se pode concordar que esses grupos se rotulem de casas espíritas realizando, como se afirma, trabalhos estranhos como se fossem do Espiritismo.

64

São Paulo/Capital/Novembro/1979

302 — Como compreender o amor divino, tão acima de nossas possibilidades e de nossa ignorância espiritual?

R — *O amor de Deus é como a luz de um sol supremo que se derrama sobre toda a criação, paira sobre todos os seres e a todos oferece a vida e a felicidade eternas.*

303 — Mas que felicidade é essa se, no mundo, o que se vê por toda parte, é justamente o contrário: o desamor, a agressividade, a violência, o egoísmo e a maldade?

R — *É que este planeta em que vivemos hoje é um mundo inferior, de expiações e de provas, onde resgatamos os erros e as maldades que praticamos em vidas anteriores. A Terra, infelizmente, ainda não pertence à classe dos mundos felizes.*

304 — Mas como seremos felizes?

R — *Aceitando nossos resgates com humildade e tentando, até mesmo, ajudar, para que eles se cumpram o mais completamente possível; e, por outro lado, tentando amar a todos como for possível, melhorando assim nossas condições espirituais atuais.*

305 — Mas que importância fundamental tem essa exigência?

R — *Porque a felicidade tem base no amor, que é a lei máxima* *da Criação Divina e porque para isso é que fomos criados. Ela é a nossa herança, mas deve ser conquistada para ser merecida, na forma da legenda conhecida — "a cada um será dado segundo as suas obras"; e nesta outra — "primeiro se planta, depois se colhe".*

Se quisermos haurir o que for justo, da felicidade que o Pai reserva a todos os seus filhos, devemos desde já e no fundo mesmo das tristezas e dos sofrimentos da Terra, dar a todos o amor que pudermos, da forma que pudermos. Assim começaremos a ser felizes desde já e, dia a dia, iremos aumentando essa capacidade de doar; e em breve poderemos amar mais amplamente penetrando, aos poucos, no campo do amor universal, que se estende a toda a humanidade.

306 — Entendemos isso, mas julgamos tal coisa muito difícil, muito acima dos nossos sentimentos atuais. Um simples sonho...

R — *Isto pensam aqueles que nunca decidiram e tentaram realizar essa simples e ao mesmo tempo grandiosa tarefa de iniciação espiritual e prosseguem vivendo na força dos sentimentos negativos que dominam neste nosso mundo inferior e transitório.*

Mas quem tenta verá logo que o empreendimento é cheio de possibilidades reais e promissoras.

É uma tarefa imensa, como muitos pensam, mas desde que se lancem a iniciá-la, ela vai se tornando menor, mais ao nosso alcance limitado, mesmo porque para isso podemos contar com grande auxílio, dentro e fora de nós e, duma forma tão evidente e positiva, que ficaremos maravilhados com os resultados alcançados.

307 — Mas como começar?

R — *Do pouco para o muito, do menor para o maior. Além disso existem atualmente escolas criadas justamente para auxiliar o esforço dos que nelas se matriculam: é a Escola de Aprendizes* *do Evangelho; e desde o primeiro dia de comparecimento, uma nova esperança surge no coração dos aprendizes, para essa dignificante realização.*

Quem se inscreve nessas escolas jamais duvida disso pois que ali encontram as possibilidades que não tinham antes e verificam que, justamente, a felicidade é o motivo principal da atual encarnação.

65

Campinas/SP/Dezembro/1979

308 — Como devemos compreender o chamado pecado original? Existe de verdade?

R — *No antagonismo entre o bem e o mal, só existe transgressão quando a natureza humana inferior sobrepõe-se à superior, revelando-se em pensamentos e atos lesivos a si mesmo ou a outrem.*

Os pensamentos, ao serem emitidos, tomam forma e agem no meio ambiente produzindo o bem ou o mal. O pensamento é um ato mental individual mas quando se projeta no exterior produz conseqüências boas ou más.

Não há, portanto, pecado coletivo que venha de trás, praticado por alguém, ou estigma de inferioridade que herdamos de outros no passado, como querem algumas religiões dogmáticas ocidentais.

O homem desperto e consciente é sempre o agente de si mesmo, o autor dos próprios erros ou acertos, isto é, do seu próprio destino imediato. Nos pontos baixos da evolução tem, como é natural, impulsos inferiores, pensamentos negativos que alimentam formas-pensamentos do mesmo teor vibratório, que se acumulam no etéreo terrestre.

Essa criação venenosa de pensamentos imaturos, conforme

o grau de poder mental que o autor possui, acarreta sofrimentos à coletividade, mas nos julgamentos divinos revertem aos seus autores, assinando-lhes destinos infelizes, pois que são os responsáveis por eles e não outros.

Idêntico poder mental gera também, nos pontos mais elevados da evolução progressiva, pensamentos bons, construtivos e benéficos à coletividade humana.

Pela justiça divina ninguém paga pelo mal que não praticou, conquanto todos tenham parte nos ressarcimentos cármicos da humanidade como um todo.

66

São Paulo/Capital/Dezembro/1979

309 — Sou um discípulo e muita coisa já aprendi, mas, falando com colegas, eles entendem de formas diferentes uns dos outros. Peço esclarecer qual é mais importante: a Fraternidade ou a Aliança?

R — *Sua pergunta está malformulada. Não se trata, no caso, de maior ou menor importância das duas instituições a que se refere a pergunta: a questão real é a das finalidades espirituais.*

A Fraternidade dos Discípulos de Jesus foi criada em 1950 na Federação, para agremiar em seus quadros os servidores preparados na Escola de Aprendizes do Evangelho para as testemunhações a serem dadas como discípulos no campo coletivo, visando à difusão e à exemplificação do Evangelho.

A Aliança Espírita Evangélica foi criada em 1973 para difundir e testemunhar o Espiritismo Religioso, agremiando em seus quadros os grupos e centros espíritas que possuem o mesmo ideal doutrinário e se comprometem a aceitar e seguir os seus programas de trabalho e de ensino.

Ambas, portanto, são solidárias e complementares e têm

idênticas finalidades, uma auxiliando e orientando indivíduos e outra orientando e conduzindo instituições.

67

Rio de Janeiro/RJ/Fevereiro/1980

310 — Desejava saber qual a obra que apareceu primeiro sobre médiuns aqui no Brasil.

R — *Após* O Livro dos Médiuns *da Codificação de Kardec, que é um precioso documentário, as primeiras obras, que saibamos, com caráter didático em nosso país surgiram em 1940: um opúsculo em 1943 e um tratado publicado em 1947, na organização da Federação Espírita do Estado de São Paulo, à época da criação de escolas e cursos doutrinários que imprimiram ao Espiritismo seu caráter de doutrina atualizada, apta a lançar-se na propagação doutrinária com conhecimentos e práticas mais completas e aprofundadas em todos os setores que a constituem.*

68

São Paulo/Capital/Fevereiro/1980

311 — Não sei como classificar que somos feitos à imagem e semelhança de Deus. Peço esclarecer.

R — *Respondemos, de início, com outra pergunta: quem conhece Deus diretamente para verificar essa imagem e semelhança? Ninguém. O assunto, pois, é teológico e classificável no campo da fé.*

Deus é puro espírito e, portanto, infinitamente imaterial. O que distingue o mundo material do espiritual é que o primeiro é projeção mental de Deus e multiforme nas suas aparências visíveis e o ser humano, na sua forma visível, corpórea, só poderia se assemelhar à concepção divina nas conseqüências, não na forma. A única coisa que justificaria essa afirmação clássica de semelhança a Deus é que nós, humanos, somos também espíritos na essência, partículas divinas emanadas de Deus como luz e pensamento, com atributos também espirituais de criar mentalmente e de possuirmos vivência permanente na eternidade.

69

Florianópolis/SC/Março/1980

312 — Sou velho estudante do kardecismo; tenho lido suas publicações e aprendi que, quando a gente morre, vai para o lugar onde a capacidade vibratória chama. Está certo?

R — *Está certo em parte. O teor global vibratório individual é realmente fator importante, porque o espírito desencarnante é atraído para onde essa vibração magnética o chama, por afinidade, porque as leis de Deus regem a vida dos seres onde quer que estejam.*

O Espírito é atraído para o agrupamento cujo teor vibratório corresponde ao seu individual. E completo a resposta dizendo que os agrupamentos humanos desencarnados, elevados ou inferiores, não importa, todos se localizam nas faixas etéreas limitadas pela atmosfera própria do orbe de cuja humanidade fazem parte, exceto nos casos em que o Espírito possui condições espirituais mais elevadas, evoluídas, quando, então, passa a fazer parte de agrupamentos também mais elevados, em outros orbes.

E note-se, porém, que maior teor vibratório significa mais elevada condição espiritual, isto é, moral, sentimental e intelectual.

313 — No seu grande livro *O Redentor*, onde muitas coisas novas aprendi, não consta a frase "Eli, Eli, lhama sabactani" que está na Bíblia. Pode dizer por quê?

R — *Realmente não consta. Para compreender basta considerar sua própria tradução que é: "Senhor, Senhor, por que me desamparaste?" O consulente admite que Jesus tenha, no Gólgota, pronunciado essa frase? Ele que, por várias vezes, advertiu seus apóstolos, que seria sacrificado na cruz, porque as escrituras deviam ser cumpridas? E como admitir que Jesus se julgasse, um instante sequer, abandonado por Deus, em cujo nome agia, glorificando-o?*

Como se julgaria abandonado se, a uma simples expressão de sua vontade, legiões de espíritos se moveriam para atendê-lo? E seria isso porventura preciso quando Ele, o Verbo que se fez carne — diretor espiritual do planeta — possuidor de imenso poder espiritual para agir no ambiente da Terra como desejasse? Esta frase é uma simples concepção mística que veio do passado e até hoje é repetida em certos meios religiosos, que julgam a Bíblia um livro infalível e sagrado.

Mas o Espiritismo é uma religião racional.

70

Ribeirão Preto/SP/Abril/1980

314 — A propósito de umas publicações sobre os passes que tenho lido e como fundador de um centro espírita que se preza de muito bem orientado no Interior, pergunto ao Irmão se têm fundamento essas publicações. É preciso esclarecer.

R — *O ato individual de cura pela imposição de mãos que motivou essa publicação, é um gesto misto de fé e autodesenvolvimento psíquico, raramente praticado com êxito pelos seres encarnados, salvo médiuns, e mais próprio de entidades espirituais de alta condição, capacitadas a concentrar e projetar sobre os doentes poderoso volume de energias curativas.*

É usado pelos magnetizadores profissionais dotados de determinada capacidade de doação, mas está longe de produzir os efeitos positivos e sistemáticos a que nos referimos atrás. Por isso mesmo esses passes não podem ser generalizados nas práticas espíritas, porque o Espiritismo é uma doutrina de ação larga e desembaraçada no seio dos necessitados em geral, utilizando recursos de plena acessibilidade.

É Doutrina de esclarecimento e libertação em relação ao mal e à ignorância; de combate a crendices e superstições populares próprias de um planeta como o nosso, de expiação e de provas, com uma humanidade espiritualmente retardada e carente, que exige processos e práticas de resultados eficientes e de fácil acesso inclusive econômico.

Os passes estudados, experimentados e estabelecidos na Federação Espírita do Estado desde o início de sua organização em 1940, preenchem todas estas condições tanto do ponto de vista religioso como científico.

Utiliza a imposição de mãos tanto no início como no fim das aplicações e promove a devida concentração de energias curativas, canalizando-as para os órgãos doentes através dos canais orgânicos naturais, próprios da constituição psicofísica humana, com largas aberturas para a participação dos benfeitores espirituais que colaboram e dirigem os trabalhos.

Por isso foram aceitos e generalizados, sendo hoje largamente praticados em nosso país e outras nações estrangeiras, satisfazendo plenamente as necessidades da propagação da Doutrina e dos doentes, cujos organismos se beneficiam dos bons resultados obtidos.

O passe, como todos devem saber, não é agente autorizado e específico de curas, mas agente auxiliar de inegável valor.

Obras de Edgard Armond:

Alerta aos Médiuns - Coordenação
Alguns Aspectos da Vida em Júpiter
Aliança: Vivência do Espiritismo Religioso
Almas Afins
Amor e Justiça
Apocalipse de João (O)[1]
Aprendizes (Aos)
Aprendizes do Evangelho (Para os)
Caminhos do Espírito
Comentando Pensamentos Construtivos
Comentários Esotéricos
Comentários Evangélicos I a VI
Como Ensinar Religião às Crianças - Colaboração
Considerações sobre o Apocalipse de João[1]
Contos Espiritualistas
Contribuições ao Estudo da Mediunidade[4]
Cortina do Tempo (Na)
Cromoterapia
Curas Espirituais
Demonologia
Desenvolvimento Mediúnico
Dias Finais (Os)[1]
Difundindo o Evangelho[1]
Discípulos de Jesus (Aos)
Dupla Personalidade (A) = O Estranho Caso de Rose Ramires
Enquanto é Tempo
Épocas de Transição[1]
Espiritismo (O que é)
Espiritismo e a Próxima Renovação (O)
Espiritismo e Comunismo
Espiritismo e Esoterismo
Espiritismo e o Divórcio (O)
Espiritismo, Religião Redentora
Estudos e Temas = fascículo IX de "Iniciação Espírita"
Exilados da Capela (Os)
Falando ao Coração
Fraternidades do Espaço[3]
Guia do Aprendiz
Guia do Discípulo
Histórico dos Trabalhos de Curas Espirituais na FEESP
Hora do Apocalipse[1]
Iniciação Espírita - Coordenação
Lendo e Aprendendo
Libertação Espiritual
Livre Arbítrio (O)
Margens do Rio Sagrado (Às)
Mediunidade
Mediunidade Prática
Mediunidade de Prova
Mediunidade Tarefa
Mensagens
Mensagens e Instruções
Missão Social dos Médiuns[4]
Normas Básicas para Orientação Espírita
Novos Processos de Interc. e Aperf. p/ Curas Espirituais
Passes e Radiações
Pensamentos em Prosa e Verso
Prevalência do Espiritismo Religioso[2]
Psiquismo
Questão do Divórcio (A)
Redentor (O)
Relembrando o Passado
Religião Redentora
Religiões e Filosofias[2]
Respondendo e Esclarecendo
Salmos
Salmos - opúsculo
Seara do Evangelho (Na)
Semeadura I (Na)
Semeadura II (Na)
Separações Conjugais à luz do Espiritismo
Tiradentes Missionário
Trabalhos Práticos de Espiritismo
Valor das Mensagens (O)
Verdades e Conceitos I
Verdades e Conceitos II
Verdades e Conceitos - opúsculo
Vida de Jesus (A)

[1] Agrupados sobre o título *A Hora do Apocalipse*.
[2] O texto Prevalência do Espiritismo Religioso foi incluído pelo autor na obra Religiões e Filosofias.
[3] Incluido em Vivência do Espiritismo Religioso.
[4] Incluido em Mediunidade.

Atenção! A Editora Aliança está à procura das seguintes obras e opúsculos, ainda não localizados, escrito por Edgard Armond:

Caminhos do Espiritismo
Comentários Esotéricos (Publicado em 1926)
Discípulos de Jesus (Para os)
Espiritismo e Esoterismo
História dos Trabalhos de Assistência Social
Histórico dos Trabalhos de Assistência Social
Histórico dos Trabalhos Práticos
Normas Básicas para Orientação do Espiritismo
Novos Processos de Intercâmbio Espiritual
Pensamentos em Prosa e Verso
Relembrando Conhecimentos

A quem encontrar qualquer dos exemplares acima, pedimos a gentileza de entrar em contato com a Editora.

Conhecer a vida e obra do Dr. Bezerra é viver com emoção o Espiritismo em suas bases kardecistas.

Não deixe de ler.

Impresso pelo Depto Gráfico do
CENTRO DE ESTUDOS
VIDA E CONSCIÊNCIA EDITORA LTDA
R. Santo Irineu, 170 / F.: 549-8344